MONIKA WILHELM

LIFE HACKS

Der Trick mit der
Handyhülle und wie Gott
dein Leben verändert

SCM
Hänssler

SCM

Stiftung Christliche Medien

SCM Hänssler ist ein Imprint der SCM Verlagsgruppe,
die zur Stiftung Christliche Medien gehört, einer gemeinnützigen
Stiftung, die sich für die Förderung und Verbreitung
christlicher Bücher, Zeitschriften, Filme und Musik einsetzt.

© 2019 SCM Hänssler in der SCM Verlagsgruppe GmbH
Max-Eyth-Str. 41, 71088 Holzgerlingen
Internet: www.scm-haenssler.de; E-Mail: info@scm-haenssler.de

Soweit nicht anders angegeben, sind die Bibelverse folgender
Ausgabe entnommen:
Neues Leben. Die Bibel, © der deutschen Ausgabe 2002
und 2006
SCM R.Brockhaus in der SCM Verlagsgruppe GmbH Witten/
Holzgerlingen
Weiter wurden verwendet:
Lutherbibel, revidiert 2017 © 2016 Deutsche Bibelgesellschaft,
Stuttgart. (LUT)

Gesamtgestaltung und Illustrationen: Erik Pabst, www.erikpabst.de
Druck und Bindung: Finidr s.r.o.
Gedruckt in Tschechien
ISBN 978-3-7751-5949-4
Bestell-Nr. 395.949

Für Nico, Sarai und Tamika.

Danke für eure Unterstützung und Inspiration.

INHALT

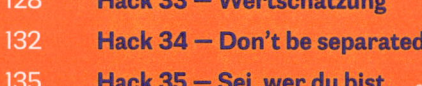

EINLEITUNG

Life Hacks – die Tricks und Tipps, die unser Every-day-Life einfacher machen. Ich habe zweiundfünfzig spannende Life Hacks für dich gesammelt, für jede Woche einen: von der selbst gemachten Handyhülle, die dich nur einen Luftballon kostet, bis zum Hoodie, der zur Laptoptasche wird.
Wenn du mit diesem Buch durch bist, bist du nicht nur der Held auf jeder Party, sondern auch der King im Alltagschaos.
Zu jedem Life Hack habe ich dir on top krasse Tipps von dem gepackt, der das Leben erfunden hat und am besten weiß, wie es läuft: Gott. Wenn du dich von ihm für dein Leben inspirieren lässt, bringt dich das so richtig nach vorne.

Am Ende der Life Hacks findest du diese Punkte:

Gold Nugget
Ein Bibelvers, der das absolute Goldstück ist. Du kannst ihn auswendig lernen, in alle Bücher kritzeln, dein Zimmer damit tapezieren …

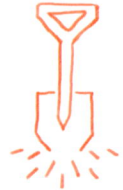

Dig Deeper
Hier findest du Bibelstellen, um noch mehr zum Thema zu erfahren. Am besten hast du dafür eine Bibel am Start.

Think About
Etwas zum Nach- und Weiterdenken.

Challenge
Die Einladung, eine Herausforderung
anzunehmen und konkrete Schritte zu gehen.

Prayer
Das Gebet zum Life Hack.

Und falls du dich beim Lesen fragst: Gott, Jesus, Heiliger Geist –
wer denn jetzt? Hier bekommst du Futter für deine Fragen:
Seite 14-17, Seite 56-59, Seite 102-115.

Dann leg mal gleich mit dem ersten Life Hack los!

PUMP UP <u>THE</u> VOLUME

Kennst du das auch? Du triffst dich mit deinen Freunden und die Musik von deinem Smartphone ist einfach nicht laut genug und der Sound so richtig mies. Hier ein Life Hack, um dir schnell einen coolen Handy-Lautsprecher zu bauen.

HACK
1

ZNIP ZNAP

DU NIMMST EINE LEERE KLOPAPIERROLLE UND SCHNEIDEST MIT EINER SCHERE ODER EINEM TEPPICH-BODENMESSER EINEN SCHLITZ IN DER BREITE DEINES SMARTPHONES REIN. FALLS DU ON TOP NOCH EINEN COOLEN STYLE WILLST, EINFACH DIE ROLLE FARBIG ANSPRAYEN.

SO VIELE STIMMEN!

Deine Lehrer, deine Eltern und deine Crew, jeder will deine
Aufmerksamkeit. Aber auch Leute, denen du auf Instagram folgst, deine Lieblingsblogger und Youtuber, jeder hat dir was
zu sagen, hat Ideen, Tipps und Statements zu allem
Möglichen. Da ist es oft gar nicht so leicht zu entscheiden,
wem man jetzt eigentlich glauben soll oder kann.
Der eine erzählt dir, dass man besser erst mal für sich selber
sorgen soll, bevor man was für andere tut. Der Nächste meint,
erst wenn du was für andere tust, wirst du richtig happy.
Was denn jetzt? Vielleicht kennst du das: An manchen Tagen hat
man mehr Fragezeichen als Ausrufezeichen im Kopf.

Hast du gewusst, dass Gott dich auch connecten will?
Er hat zu allen Themen des Lebens etwas zu sagen. Egal ob es um
Freundschaft, Liebe, Geld, Zeit, Gefühle, Gedanken oder
ums Chillen geht, Gott hat eine Meinung dazu. Er hat Ideen und
Tipps, wie du in all diesen Dingen nach vorne kommen kannst.
Gott wünscht sich, dass er eine Stimme in deinem Leben
bekommt. Er meint es gut mit dir und will dir helfen, dass dein
Leben wirklich rockt.

*JETZT KANNST DU DEIN SMARTPHONE
IN DEN SCHLITZ STECKEN. DAMIT DIE
ROLLE NICHT KIPPT, BEFESTIGST DU HINTEN
NOCH STÜTZEN AUS ZWEI PINNNADELN.
UND SCHON KÖNNT IHR ZUSAMMEN
DEINE FAVOURITE SONGS LAUTER UND MIT
COOLEREM SOUND HÖREN.*

DREH GOTTES STIMME LAUTER IN DEINEM LEBEN

Bei den vielen Stimmen, die in unser Leben sprechen, geht Gottes Stimme oft unter. Im Gegensatz zu Social Media, Fernsehen & Co. ist sein Reden nicht aufdringlich und zwingt dich zu nichts. Es ist deine Entscheidung, ob du dich seiner Stimme zuwendest oder nicht.

Gott kann über viele Kanäle zu dir sprechen. Wenn er dann an deine Gedanken oder dein Herz andocken will – ob über einen Bibelvers, eine Predigt oder einen richtig guten Worship-Song –, dann ist es an dir, seine Stimme ganz laut aufzudrehen und ihm zuzuhören. Es gibt keine andere Stimme, die dich so weiterbringen kann wie die Stimme Gottes, der das Leben erfunden hat und am besten weiß, wie es funktioniert.

Ich wünsche dir, dass du – auch durch dieses Life-Hacks-Buch – ganz neu und immer wieder erlebst, wie Gott zu dir spricht.

CHALLENGE

Starte doch heute direkt damit, Gottes Reden ganz neu einen Platz in deinem Leben zu geben. Nimm deine Bibel aus dem Regal und lies darin. Bete vorher, dass Gott ganz persönlich durch sein Wort zu dir spricht.

DIG DEEPER

In folgenden Bibelversen erfährst du mehr über das Reden Gottes:

1. Johannes 2,27

und

Matthäus 13,9-16

Auf Gottes Reden vertrauen:

Jeremia 17,7-8

WELT-VERÄNDERER

#NewLife

Kannst du auch mal wieder eine neue Idee für eine coole Partydeko gebrauchen? Deine Wände sind langweilig und du willst sie partymäßig aufpimpen? So geht Deko mit Luftballons mal ganz anders:

HACK
2

NIMM EINEN BALLON UND REIBE IHN VORSICHTIG AN DER WAND. WENN ER NICHT ZERPLATZT IST, HÄLT ER JETZT OHNE HILFSMITTEL AN DER WAND. WIEDERHOLE DAS MIT SO VIELEN LUFTBALLONS, WIE DEINE WÄNDE VERTRAGEN KÖNNEN. SIEHT ABSOLUT HAMMERMÄSSIG AUS!

DAS VERÄNDERT ALLES ...

Was wäre unsere Welt ohne Life Hacks? Ohne Leute,
die mit ihren Entdeckungen unser Leben einfacher machen und
aufpimpen? Was wäre die Welt ohne Weltveränderer?
Ohne Albert Einstein und seine Entdeckung über das Verhältnis
von Raum und Zeit hätten wir zum Beispiel heute kein Navi.
Krass, oder? Wie genial ist es, dass immer wieder Menschen
durch das, was sie tun, was sie sagen und was sie persönlich
antreibt, unsere Welt ein Stück besser machen. Wir brauchen
Weltveränderer, die unser Leben nach vorne bringen.
Jesus ist der krasseste Weltveränderer, den es gibt. Niemand hat
unsere Welt so nach vorne gebracht und revolutioniert wie er.
In Jesus Christus wurde Gott selbst Mensch. In der Bibel
wird das so beschrieben:

> *»Niemand hat Gott je gesehen. Doch sein einziger*
> *Sohn (Jesus), der selbst Gott ist, ist dem Herzen des Vaters*
> *ganz nahe; er hat uns von ihm erzählt.«*

Johannes 1,18

Crazy, oder? Gott selbst nimmt es auf sich, ein einfacher Mensch
zu werden, um uns ganz nah zu sein. So sehr liebt uns Gott.

FÜR DEINE UND MEINE FAILS ...

Gott wurde nicht nur Mensch, um mit und für uns zu leben, er ist
auch für uns gestorben.

Obwohl Jesus selbst ohne Schuld war, ist er für die Schuld der ganzen Menschheit gestorben.

Er hat alles Schlechte und jeden Fail auf seine Kappe genommen. Er starb am Kreuz für unseren Mist, auch für meinen und für deinen. Jesus hat die Schuld auf sich genommen, damit wir vor Gott schuldlos dastehen können. Er hat durch seinen Tod am Kreuz und seine Auferstehung die Türe zu Gott für uns ganz weit aufgestoßen.

NEUANFANG

Wir dürfen einen Strich unter die Fails von früher ziehen, alles auf null setzen und mit Gott neu anfangen. Wir können ein mega geniales new Life mit ihm gemeinsam starten.

Ein Leben, in dem wir eine tiefe Freundschaft mit Gott höchstpersönlich haben können. Ein neues Leben, in dem er uns ganz nah ist, nämlich durch seinen Heiligen Geist.

Ein Leben in seiner Liebe und seiner Gegenwart. Und das verändert alles, oder?

 **GOLD NUGGET**

»Genauso wie Christus durch die herrliche Macht des Vaters von den Toten auferstanden ist, so können auch wir jetzt ein neues Leben führen.«

Römer 6,4b

THINK ABOUT

→ Was denkst du darüber, dass Jesus für die Fails der Menschen gestorben ist?

→ Würdest du die Verantwortung für die Fails eines anderen auf deine Kappe nehmen?

→ Was bedeutet es dir, dass Jesus das für dich getan hat?

DIG DEEPER

Gott wird Mensch:
Johannes 1,1-14.

PRAYER

Jesus, ich danke dir, dass du am Kreuz alle meine Fails auf dich genommen hast. Danke, dass du für mich gestorben bist. Bitte vergib mir alles, was ich verbockt hab und was meine Beziehung zu dir belastet. Schenk mir dieses geniale neue Leben in dieser Beziehung zu dir.

WELT-VERÄNDERER

#EternalLife

Du hast ein Laptop, aber die passende Tasche dazu
fehlt dir noch? So kannst du dir eine Laptoptasche machen,
ohne einen Cent auszugeben.

HACK 3

LEGE EINEN HOODIE MIT DER
KAPUZENÖFFNUNG NACH OBEN AUF
EINEN TISCH. LEGE DEIN LAPTOP IN
DIE MITTE, KLAPPE DEN UNTEREN
TEIL DES PULLIS ÜBER DAS LAPTOP
UND SCHLAGE IHN OBEN EIN.

SCHLAGE JETZT AUCH RECHTS UND
LINKS DIE SEITEN UNTER DEIN LAPTOP.
STÜLPE NUN DIE KAPUZE VON OBEN
NACH UNTEN UND ÜBER DIE UNTERE
LINKE UND RECHTE ECKE.

ALLES HAT EIN ENDE, NUR ...

Life Hacks bringen unser Leben nach vorne.
Aber nichts verändert unser Leben so krass wie der Weltveränderer schlechthin: Jesus.Hast du dir schon mal Gedanken über den Tod gemacht und wie es danach weitergeht? Die meisten Menschen, die ich kenne, haben so richtig Angst vor dem Tod. Wie wird es weitergehen? Wird es überhaupt weitergehen? Was passiert mit mir? Bin ich dann einfach weg, als hätte es mich nie gegeben? Vielleicht hast du dir diese Fragen auch schon mal gestellt.
Gott hat eine richtig geniale Perspektive für dich. Wenn du ein neues Leben mit ihm gestartet hast und in einer Beziehung zu ihm lebst, wird diese Freundschaft niemals enden.
Auch mit dem Tod nicht. Diese Freundschaft ist forever and ever. Gott lässt dich nie wieder los, er ist total treu und steht zu dir. Eure Freundschaft wird auch nach deinem Tod weitergehen. Und zwar am best Place ever. Du wirst da sein, wo Gott ist, und das für immer! In der Ewigkeit bei ihm gibt es keine Tränen und Schmerzen mehr. Stress wird kein Thema mehr sein.

JETZT IST DEIN LAPTOP FEST EINGEBUNDEN. WENN DU NUN DIE ZWEI ÄRMEL MIT EINEM KNOTEN VERBINDEST, KANNST DU DIR DEINE NEUE TASCHE SOGAR UMHÄNGEN.

Nie wieder Streit, Mobbing oder Ungerechtigkeit. Alles Schlechte gibt es nicht mehr. Dieses new Life in der Ewigkeit bei ihm ist der absolute Hammer.

RELAX!

Gott bietet dir ein Leben an, das plötzlich Sinn macht, weil du für mehr lebst als für diese paar Jahre hier auf der Erde.
Du musst keine Panik mehr schieben, weil der Tod seinen Horror verliert. Es gibt keinen Stress mehr, weil du keine Angst mehr haben musst, in den paar Jahren hier was zu verpassen.

Wenn du mal versagst und Sachen einfach nicht so laufen wie geplant, kannst du ganz cool bleiben.
Aufstehen, Staub abschütteln und einen neuen Versuch starten.
Du kannst relaxed leben und Gottes Pläne für dein Leben step by step entdecken. Denn du weißt: My life is forever!
Das Beste kommt sowieso zum Schluss!

GOLD NUGGET

»Jesus sagte zu Marta: ›Ich bin die Auferstehung und das Leben.
Wer an mich glaubt, wird leben, auch wenn er stirbt.
Er wird ewig leben, weil er an mich geglaubt hat, und niemals sterben. Glaubst du das, Marta?‹«

Johannes 11,25-26

THINK ABOUT

→ In welchen Punkten deines Lebens bist du erleichtert, dass in der Ewigkeit alles gut sein wird?

→ Was löst die Aussicht auf ein geniales, ewiges Leben bei Gott in dir aus?

DIG DEEPER

New life, new body:
2. Korinther 5,1-3
und
Philipper 3,20-21.

Himmlische Aussichten:
Offenbarung 21,1-7.

GET CONNECTED

Wenn du unterwegs bist, weißt du dann auch manchmal nicht, an welcher Steckdose du dein Smartphone am besten aufladen kannst? Entweder liegt es während des Ladens auf dem Boden, wo jeder drauftreten könnte. Oder die Steckdose ist so hoch angebracht, dass das Ladekabel erst gar nicht bis auf den Boden reicht. Hier kommt ein Trick, mit dem du in Zukunft garantiert keine Probleme beim Laden hast, egal wo die Steckdose angebracht ist.

HACK 4

HANDY REIN, LADEKABEL ANSCHLIESSEN UND DIE SOCKE AN DEN STECKER DES LADEKABLES HÄNGEN.

NIMM EINE SOCKE, AM BESTEN EINE MIT COOLEM DESIGN, UND SCHNEIDE DIE FERSE AB. JETZT HAST DU EINE SUPER LADETASCHE.

GEBET

Gott kannst du immer connecten. 24/7. Das funktioniert auch ohne aufgeladenes Handy. Deine Smartphone-Leitung direkt in den Himmel ist immer ready: Sie heißt Gebet.

Zu beten bedeutet, wir glauben, dass Gott real ist. Wir connecten nicht die Zimmerdecke, sondern den lebendigen Gott. Er ist echt, darum macht Gebet absolut Sinn. Wenn ich glaube, dass Gott existiert, kann ich auch Kontakt zu ihm aufnehmen. Wenn wir beten, connecten wir Gott. Wir gehen in einen Austausch mit ihm. Wir teilen mit Gott unsere Gedanken, Gefühle und Pläne. Wenn's richtig gut läuft, geben wir Gott die Gelegenheit, in unser Herz und unsere Gedanken zu sprechen. Wir reden mit ihm und er redet mit uns! Das ist der Wahnsinn! Wenn wir beten, glauben wir, dass Gott etwas bewirken kann. Beten heißt, den Arm Gottes zu bewegen.

Load 'n hold

SO KANNST DU DEIN HANDY IMMER UND ÜBERALL AUFLADEN. AB JETZT HEISST ES NIE WIEDER „AKKU LEER", WENN DU DRINGEND TELEFONIEREN ODER DEN NEUESTEN POST DEINER BFF ANSCHAUEN MUSST.

Kennst du die Telefonnummer Gottes? Sie lautet 5015. Warum? Weil in Psalm 50, Vers 15 (LUT) steht: »*Rufe mich an in der Not, so will ich dich erretten, und du sollst mich preisen.*«

THINK ABOUT

→ Glaubst du, dass Gott dich hört und sich für dich interessiert?
→ Glaubst du, dass Gebet etwas bringt? Dass Gebet Gottes Arm bewegt und er in Situationen eingreift? Sogar in deine ganz persönliche?

CHALLENGE

Um herauszufinden, ob Gebet einen Unterschied macht, muss man es ausprobieren. Am besten fängst du jetzt gleich an. Connecte dich mit Gott und teile deine Gedanken, Gefühle und Pläne mit ihm. Gib Gott danach Zeit zu antworten – durch Impulse, die er in deine Gedanken gibt, oder durch sein Anklopfen an deinem Herzen. Sei gespannt, wie Gott auf dein Gebet reagiert und wie er in deine persönliche Situation eingreift. Manchmal ganz anders, als du es denkst, aber in jedem Fall gottmäßig genial. Du wirst sehen, dass Gott gerne auf dein Gebet reagiert.

DER KAUGUMMI-EFFEKT

Wenn du beim Zwiebelschneiden nie mehr heulen willst, dann kaue einfach einen Kaugummi, während das letzte Stündlein der Zwiebel geschlagen hat.

AUF DIESEN HACK HAT DIE WELT GEWARTET!

Alle Tricks wurden schon probiert: Zwiebeln vor dem Schneiden in den Gefrierschrank legen oder mit Wasser abwaschen, Sonnenbrille oder besser noch luftdichte Taucherbrille aufsetzen ... Aber so richtig funktionieren wollte alles nicht. Also beim nächsten Küchendienst – ob zu Hause oder auf der Teenfreizeit – kannst du alle mit trockenen Augen umhauen!

GANZ SCHÖN TRICKY!

Das Leben ist nicht immer easy. Ständig kommen wir in herausfordernde Situationen, die ganz schön tricky sind. Mit diesem Hack musst du dich zumindest beim Zwiebelschneiden nicht mehr durchquälen. Würde es doch nur für jede Herausforderung den passenden Kaugummi geben ...

WUSSTEST DU ...

... dass Jesus sich selber mit einem guten Hirten vergleicht? Damit möchte er sagen, dass er sich um »seine Schafe« kümmert. Er gibt ihnen, was sie wirklich brauchen, auch oder gerade dann, wenn es tricky wird. Du kannst Jesus in jeder Situation um Hilfe bitten. Du musst dich nicht alleine durchquälen. Er weiß, was dir wirklich hilft.

Ob es der richtige Tipp, Trost, die nötige Power oder die richtigen Freunde an deiner Seite sind – *er* kann und will es dir mega gerne schenken.

YOUR CHOICE

Es werden immer wieder »Zwiebeln« in dein Leben kommen, die geschnitten werden wollen. Du wirst immer wieder in Situationen kommen, die dir die Tränen in die Augen treiben und die du irgendwie bewältigen musst.

Mit Jesus in deinem Leben sitzt du direkt an der Quelle für das, was du in dem Moment dringend brauchst. Egal wie hart die Fakten sind, die in dein Leben platzen, die besten Life Hacks kriegst du bei Jesus. Für ihn ist nichts unmöglich.

Du kannst wählen: Quälst du dich noch alleine durch oder lebst du schon mit Jesus?

CHALLENGE

In welcher Herausforderung steckst du gerade?
Beginne doch jeden Morgen den Tag damit, Jesus in dein Leben zu holen, indem du mit ihm im Gebet sprichst. Du kannst Jesus alles sagen, was dir unter den Nägeln brennt.

GOLD NUGGET

»Meine Hilfe kommt vom Herrn, der
Himmel und Erde gemacht hat.«

Psalm 121,2

THE *RIGHT KEY*

Um immer den richtigen Schlüssel schnell parat zu haben,
male einfach den Schlüsselkopf mit Nagellack
farbig an und markiere so nach Belieben deine Keys.

HACK
6

PUNKTLANDUNG IN
3 ... 2 ... 1

Kennst du das auch? Du stehst vor einer Tür und musst erst mal ewig lang am Schlüsselbund nach dem richtigen Schlüssel suchen? Beladen oder mit vollen Händen ist das immer noch ätzender.

Mit diesem Hack landest du beim ersten Griff schon eine Punkt-landung. Grüner Schlüssel passt in die Haustür, blauer Key für den Keller, roter für das Schließfach in der Schule ...

Wenn es im restlichen Leben doch auch nur so easy wäre, für jede Situation immer den richtigen Key zur Hand zu haben.

Stell dir vor, du hast Zoff mit deinem besten Freund, weil du tie-risch was verbockt hast. Jetzt herrscht Funkstille zwischen euch. Wie cool wäre das dann, wenn du jetzt einen guten Key hättest, der dir eine Tür öffnet, um aus dieser Nummer wieder rauszu-kommen.

Oder du bist in den festen Freund deiner BFF verknallt und merkst, dass du ihm auch nicht ganz egal bist.

Gar nicht so einfach, immer zu wissen, was da jetzt richtig ist und was nicht.

JEDE MENGE GUTE KEYS

Gott kennt uns so richtig gut und er weiß, wie oft wir in Situatio-nen kommen, die ganz schön tricky für uns sind. Darum will er uns helfen und uns die richtigen Keys für unser Leben geben. In seinem Wort, der Bibel, hält er jede Menge geniale Schlüssel für die unterschiedlichsten Situationen für uns bereit. Die Bibel ist wie eine Anleitung für unser Leben. Die Zehn Gebote sind zum Beispiel zehn hammer Keys für verschiedenste Lebensbereiche. Wenn du diese Schlüssel für dein Leben benutzt, dann triffst du in jedem Fall gute Entscheidungen.

Du musst nicht alleine rumprobieren, wie du in den verschiedenen Situationen am besten handeln kannst. Gott springt dir zur Seite und zeigt dir, was gut und richtig ist. Diese Schlüssel anzuwenden, wird dich absolut weiterbringen.

CHALLENGE

In 2. Mose 20,1-17 stehen die Zehn Gebote. Zehn geniale Schlüssel für dein Leben.

Vielleicht denkst du dir, das klingt irgendwie nur nach Verboten: »Du sollst nicht ... das ist nichts für mich.«

Texte sie doch in dieser Woche mal ins Positive und dreh sie um: Aus »Du sollst nicht lügen« wird dann »Sag besser die Wahrheit«. Und schon hast du einen göttlichen Key für ein gelungenes Leben. Sag einfach die Wahrheit – das wird dir viel Ärger ersparen und dir so manche Türe öffnen.

Probier das mal mit allen Geboten aus.

Mach aus »Du sollst nicht ...« doch mal »Mach einfach ...« oder »Sag einfach ...« oder »Sei einfach ...« und teste sie als Keys für dein Leben.

WIEDERSEHEN MACHT FREUDE

So weißt du immer, wer sich was von dir geborgt hat:
Mit einem Knopfdruck kannst du mit diesem Life Hack immer
das passende Gesicht zum verliehenen Teil festhalten.
Einfach ein Handyfoto vom Schnorrer mit der Leihgabe machen.

HACK
7

BÄRNt

gäbli

ANNA

SPINNER

WO IST DOCH GLEICH ...?

Egal ob Bücher, Games, Klamotten oder Filme, ständig fehlt
irgendwas. Nur wem hat man es ausgeliehen? Verlässt du
dich auch viel zu oft darauf, dass der Schnorrer das Teil wieder
zurückbringt? Besser, du hast die Sache selbst im Griff
und sorgst so dafür, dass auch alles wieder seinen Weg zu dir
zurückfindet.

ETWAS VERLIEREN? LIEBER NICHT!

Dinge, die uns wichtig sind, wollen wir nicht verlieren.
Sie gehören uns, bedeuten uns etwas und sind uns wichtig.
Manche Dinge will man auch gar nicht erst verleihen.
Was, wenn man sie nicht mehr wiederbekommt oder sie dann
beschädigt sind? Jedes Mal, wenn ich etwas aus der Hand gebe,
was mir echt wichtig ist, bin ich total erleichtert und happy,
wenn ich es ohne Schaden auch wieder zurückbekomme.
Es tut nicht nur weh, wenn wir wichtige Dinge verlieren, sondern
auch Menschen. Zum Beispiel durch einen Umzug oder
Schulwechsel. Wie genial, wenn man sich dann doch wiedersieht
und der Kontakt nicht abbricht.

LOST

Jesus erzählte mal eine Geschichte von einem jungen Typen, der seine Family verlassen hatte, um endlich sein eigener Boss zu sein. Nie wieder: »Solange du deine Beine unter meinen Tisch stellst ...« Nein, er wollte endlich einen eigenen Tisch haben und tun, was ihm gefiel. Für seinen Dad war das ganz schön hart. Er hatte seinen Sohn verloren. Der hatte nämlich nicht nur die Family verlassen, sondern war gleich in ein anderes Land ausgewandert.

Sein Dad stand jeden Tag draußen und hoffte, ihn doch noch mal wiederzusehen. Ob er wohl jemals zurückkäme?

WIEDERSEHEN MACHT GOTT FREUDE

Mit dieser Story will Jesus uns sagen, dass es Gott manchmal auch so mit uns geht. Wir wollen unsere Füße unter unseren Tisch stellen und lieber unser eigener Boss sein. Dann gehen wir unsere Wege und Gott spielt keine große Rolle mehr für uns.

Jesus erzählt weiter, dass der Sohn tatsächlich wieder heimkam. Er entschuldigte sich bei seinem Dad. Denn er hatte die ganze Kohle, die er bekommen hatte, mit Kumpels und Party-Machen verbraten, nur um festzustellen, dass es zu Hause doch nicht so übel war. Und sein Dad?

Der machte ihm keine Vorwürfe, hielt keine lange Predigt, machte keinen Stress.

Er war so happy, dass er seinem verlorenen Sohn um den Hals fiel. Das Wiedersehen bedeutete ihm *alles*.
Wie oft steht Gott wohl da und wünscht sich, dass wir ihm wieder näherkommen? Und wie sehr freut er sich, wenn wir unser Leben wieder mit ihm teilen!

THINK ABOUT

→ Wo bist du in deinem Leben gerade ganz weit weg von Gott und von dem, was er sich für dich wünscht?

GOLD NUGGET

»Mir geht es gut, weil ich mich nahe an Gott halte.«

Psalm 73,28

DIG DEEPER

Die Story vom verlorenen Sohn kannst du in der Bibel nachlesen. Sie steht in:
Lukas 15,11-32.

MEHR SEHEN

Für mehr Durchblick kannst du ganz einfach aus deiner Handykamera eine Lupe machen. Gib dafür einen kleinen Wassertropfen auf die Kameralinse hinten an deinem Handy. Wenn du jetzt durch das Display Dinge anschaust, wirkt der Tropfen wie ein Lupenglas und du siehst alles vergrößert. Das Coolste ist: Du kannst das, was du jetzt größer siehst, auch gleich fotografieren.

HACK 8

UNSERE SICHT

Manchmal brauchen wir Hilfe, um mehr zu sehen.
Auch bei Menschen. Oft sehen wir in der kleinen Schwester
nur die Nervensäge, die immer dann auftaucht, wenn wir
sie so gar nicht abhaben können. In unserem Nachbarn sehen
wir nur den Spießer, der sich über den Lärm beschwert.
Und in der schüchternen Klassenkameradin sehen wir oft nur
die graue Maus, die sich nichts traut.

WIE JESUS UNS SIEHT

Jesus hat eine andere Sicht auf Menschen, denn er sieht so viel
mehr als wir. *Er* hat uns gemacht – mit viel Liebe zum Detail.
Dich und die Person, die du so gar nicht abkannst.
Er sieht deine Talente und Möglichkeiten *und* die der »grauen
Maus«. Er sieht das Potenzial, das in dir steckt *und* in der Person,
die dich so krass nervt.
Er möchte dein Leben nach vorne bringen *und* das von
deinen Geschwistern, deinen Nachbarn und deinen Mitschülern.
Jesus kennt Menschen so viel besser als wir.
Er sieht jetzt schon, wo du *und* dein nerviger Mitschüler in fünf
Jahren sein könnt.

CHANGE OF VIEW

In vielen Situationen tut es uns gut, Menschen mit den Augen von
Jesus zu sehen. Wir sehen oft nur das Negative, ihre Fails.
Jesus sieht aber viel mehr.
In der Bibel lesen wir von einem Typen namens Simon.
Der war eine Naturgewalt. Aufbrausend, leidenschaftlich und
er handelte meistens schneller, als er nachdachte.
Ich glaube, es war für viele total anstrengend, mit ihm unterwegs
zu sein. Einige waren genervt von ihm und seiner
»Auf die zwölf«-Art. Viele haben bestimmt mit den Augen gerollt,
wenn wieder mal ein Vorschlag von ihm kam.
Aber Jesus sah mehr in ihm. Er gab ihm den Namen »Petrus«,
was Fels bedeutet. Ein Fels steht für Sicherheit und
Stabilität und Stärke. Alles Dinge, die außer Jesus damals
absolut niemand in Simon sah. Und tatsächlich entwickelte sich
Petrus zu einem Felsen. Als Jesus nach seinem Tod und seiner
Auferstehung wieder zurück im Himmel war, war Petrus ganz
vorne mit am Start, um Menschen die gute Message von Jesus zu
erzählen.
Durch ihn kamen Tausende zum Glauben an Jesus.
Petrus blieb nicht stehen, sondern entwickelte sich mithilfe
von Jesus weiter. Jesus glaubte fest an Petrus, und Petrus er-
laubte Jesus, sein Leben nach vorne zu bringen.
Jesus kann deine Sicht auf Menschen verändern. Er kann dir
seinen Blick auf sie schenken und dir helfen, das Gold in ihnen zu
finden, auch wenn da ein Haufen Dreck ist. Ich glaube,
es ist total heilsam für uns, wenn wir anfangen,
Menschen mit den Augen von Jesus zu sehen. Dann sehen wir so
viel mehr als nur ihre Fails.

DIG DEEPER

Aus Simon wird Petrus:
Johannes 1,35-42.

CHALLENGE

Welche Leute kannst du nicht ab? Schreib ihre Namen auf und fang an, jeden Tag für sie zu beten. Das ist nicht easy! Aber du wirst sehen, dass es deine Sicht auf die Person verändert und Jesus dadurch auch dich verändern kann.

PRAYER

Jesus, hilf mir, die Menschen in meinem Umfeld mit deinen Augen zu sehen. Hilf mir, mehr in ihnen zu sehen als das, was mich nervt oder was ihnen meiner Meinung nach fehlt. Zeig mir, was du in ihnen siehst.

WELCOME *HOME*

Trinkst du auch gerne aus großen Flaschen mit einem Strohhalm? Dumm nur, dass der immer wieder abtaucht. Mit diesem Trick kannst du den Strohhalm an der Flasche befestigen.

HACK
9

LEGE EIN EINFACHES HAUSHALTSGUMMI UM DEN FLASCHENHALS UND SCHIEBE EIN ENDE DURCH DAS ANDERE.

WENN DU JETZT DEN STROHHALM DURCH DAS DURCHGESTECKTE ENDE SCHIEBST UND DANN ERST DEN STROHHALM IN DIE FLASCHE STECKST, WIRD ER VOM GUMMI FESTGEHALTEN. KEIN ABTAUCHEN MEHR!

Natur
Bio-öko
BRAUSE

FAMILY

Genauso wie der Strohhalm festgehalten werden muss, damit er nicht untergeht, brauchen auch wir Halt in unserem Leben.
Einen Ort, an den wir gehören: Family.
Als Christen haben wir nicht nur eine Family, ein Zuhause, sondern gleich zwei. Eine leibliche *und* eine geistliche Family.
Andere Christen sind deine geistlichen Geschwister. Nicht weil sie so blass sind, sondern weil ihr denselben himmlischen Papa habt. In der Church trifft sich diese Family.
Da wird diese Art der Family ganz praktisch. Man ist füreinander da und betet mit- und füreinander. Man hilft sich, wenn's mal nicht so gut läuft, und hat auch Spaß zusammen.

COMING HOME

Jesus sagte einmal zu Simon: »Von nun an sollst du Petrus heißen. Auf diesen Felsen will ich meine Gemeinde bauen, und alle Mächte der Hölle können ihr nichts anhaben« (Matthäus 16,18).
Dass seine Crew als Church zusammenkommt, war die Idee von Jesus. Er will Gemeinde haben, er will sie bauen. Gemeinsam können wir mehr erreichen, denn wir haben gemeinsame Ziele: Jesus immer besser kennenzulernen und andere mit Jesus in Kontakt zu bringen. Für beides brauchen wir einander.
Als Christ ist es total wichtig, nicht als Einzelkämpfer unterwegs zu sein, sondern Teil einer Church zu sein. So hat es sich Jesus gedacht, als er Church erfunden hat.
Diese Art der Family zu haben, ist wie nach Hause zu kommen. Hier brauchst du dich nicht zu verstellen. Das ist der Ort, an dem

du mit deinem Glauben nicht alleine bist, wie so oft in der Schule oder der Clique. Das kann dir den Halt im Alltag geben, den du brauchst. Teil einer Church Family zu sein, kann dir auch helfen, deine Gaben zu entdecken und sie für Jesus und das, was ihm wichtig ist, einzusetzen.

CHALLENGE

Bist du noch nicht Teil einer Church Family?
Dann mach dich heute noch auf die Suche nach einer Kirche oder Gemeinde, in der du dich wohlfühlst. Am besten nimmst du gleich eine Freundin oder einen Freund mit, das macht den Einstieg leichter. Bitte Jesus, dich zu leiten und dir die passende Church für dich zu zeigen.

DIG DEEPER

Gemeinsam sind wir stark:
Römer 12,1-10.

Jesus mittendrin:
Matthäus 18,20.

VERGEBUNG

Was machst du mit all den Plastiktüten deiner letzten Shoppingtouren? Müllen sie dein Zimmer zu? Wie wäre es, sie platzsparend aufzubewahren und immer griffbereit zu haben?

HACK
10

BTW:
use less plastic !

LEGE DEINE TÜTEN AUF EINE
GLATTE OBERFLÄCHE UND FALTE SIE
IN DER MITTE. LEGE JETZT TÜTE AN TÜTE SO, DASS SIE
SICH IMMER EINEN ZENTIMETER ÜBERLAPPEN. ROLLE ALLE
TÜTEN AUF UND KNOTE DIE LETZTE TÜTE UM DIE ROLLE.
JETZT HAST DU DIR DEINEN EIGENEN PLASTIKTÜTENSPENDER
GEBAUT UND KANNST AUS DER MITTE IMMER EINE TÜTE
ZIEHEN, WENN DU EINE BRAUCHST.

ZUGEMÜLLT

Fühlst du dich auch manchmal zugemüllt? Wir tragen oft so viel mit uns herum. Zum Beispiel Verletzungen, die Menschen uns verpasst haben. Leute haben schlecht über uns geredet, uns den Freund bzw. die Freundin ausgespannt oder uns nicht geholfen, als wir sie gebraucht hätten. Das geht nicht spurlos an einem vorbei. Das verletzt, enttäuscht oder macht sogar richtig wütend.

UND JETZT?

Für immer eingeschnappt sein? Rache planen?
Jesus erzählte einmal eine Story von einem Typen, der mächtig viele Schulden beim König hatte. Dumm nur, dass er die Kohle einfach nicht aufbringen konnte, als Zahltag war. Der König drohte krasse Maßnahmen an, um das Geld einzutreiben. Der Typ fiel auf die Knie und flehte um Gnade, was das Zeug hielt. Gott sei Dank ließ der König mit sich reden. Er pfiff die Geldeintreiber zurück und mehr noch, er erließ ihm alle seine Schulden.
Kaum war der Typ wieder frei, ging er zu jemandem, von dem er noch Kohle bekam. Plötzlich switcht die Situation und er war derjenige, dem man etwas schuldete. Nur war er nicht so gnädig mit seinem Schuldner und ließ ihn einsperren, weil er nicht zahlen konnte. Als der König das hörte, ging er voll ab:

>*»Du herzloser Diener! Ich habe dir deine großen Schulden*
>*erlassen, weil du mich darum gebeten hast.*
>*Müsstest du da nicht auch mit diesem Diener Mitleid haben,*

so wie ich Mitleid mit dir hatte?‹
Der König war so zornig, dass er den Mann ins Gefängnis
werfen ließ, bis er seine Schulden bis auf den letzten
Cent bezahlt hatte.«

Matthäus 18, 32-34

ARE YOU READY?

Gott ist bereit, uns immer wieder zu vergeben. Und wir?
Sind wir auch bereit zu vergeben?
Petrus stellte Jesus einmal folgende Frage: »Wie oft sollen wir
ein und derselben Person vergeben? Sieben Mal?«
Die Antwort von Jesus darauf haute Petrus fast aus den Lat-
schen: »Siebzig mal sieben Mal!« (Matthäus 18,21-22).

ECHT JETZT?!

Krass, diese Antwort, oder? Aber irgendwie ist an der Königs-
story ja auch was dran. So wie Gott uns vergibt, sollen wir
auch anderen vergeben. Und außerdem, wer anderen ständig
etwas nachträgt, der schadet sich ja nur selber. Nachtragen
heißt, dass *du* es trägst! Das ist auch ganz schön anstrengend.
Vergeben heißt Loslassen. Das bringt Freiheit, weil du nichts
mehr mit dir rumschleppst: keinen Groll, keine schlechten
Gedanken, keine Rachepläne oder Wut. Vergebung ist befreiend.
Für den, dem vergeben wird, *und* für den, der vergibt.

GOLD NUGGET

»Befreit euch von Bitterkeit und Wut, von Ärger, harten Worten und übler Nachrede sowie jeder Art von Bosheit. Seid stattdessen freundlich und mitfühlend zueinander und vergebt euch gegenseitig, wie auch Gott euch durch Christus vergeben hat.«

Epheser 4,31-32

CHALLENGE

Wem trägst du Dinge nach? Gib es im Gebet an Jesus ab und vergib der Person. Du kannst Jesus bitten, die Verletzungen in dir zu heilen, die die Person bei dir angerichtet hat. Vergeben heißt nicht, vergessen und alles ist wie vorher. Aber du kannst den Ärger, die Verletzung, die Enttäuschung bei Jesus abgeben und er wird dir darin begegnen.

DURST!?

Was tun, wenn es im Auto keinen Getränkehalter gibt? Den Becher Cola, den du von deinem Lieblingsburgerladen mitnehmen willst, doch wegwerfen? Nimm einfach deinen Schuh und stell den Becher rein. Jetzt hast du den perfekten Selfmade-Halter für deinen Becher.

**HACK
11**

DER ANDERE DURST

Trinken ist nicht nur nice, sondern auch lebenswichtig.
Wir können dreißig bis vierzig Tage ohne Essen leben, wenn es
hart auf hart kommt. Aber ohne Flüssigkeit packen wir
es vielleicht drei Tage. Um unseren Durst zu stillen, gibt's Cola,
Wasser und Co.
Aber es gibt noch einen anderen Durst. Etwas, was uns antreibt
wie ein Motor. Den Durst nach Abenteuer und Action.

Den Durst nach Abwechslung und Spannung. Den Durst nach Liebe und Aufmerksamkeit. Den Durst nach Leben.

NIE WIEDER DURST?

Jesus hat einmal gesagt: *»Wer an mich glaubt, wird nie wieder Durst haben«* (Johannes 6,35). Das ist eine steile Aussage! Jesus sagt über sich selbst, dass er satt macht und unseren Lebensdurst stillen kann.
Ein Leben mit ihm ist ein Leben, das er erfüllt.
Ein Leben, das er versorgt.
Ein Leben, dem er Sinn und Ziel gibt.
Ein Leben, bei dem unsere Sehnsüchte wirklich gestillt werden.

THE REAL THING

Kennst du das auch? Wir rennen oft Dingen hinterher, von denen wir glauben, dass sie uns zufrieden und glücklich machen. Aber meistens hält das Glücksgefühl nur kurz. Dann suchen wir nach der nächsten Action, dem nächsten Kick, dem nächsten Glück. Ziemlich anstrengend! Ziemlich nervig! Bei Jesus können wir ankommen. Er weiß, was wir wirklich brauchen, um echt glücklich zu sein. Und das Coole ist: Er brennt darauf, es uns zu geben. Keiner kennt uns so gut wie er. Nicht einmal wir selber. Wenn wir ihm vertrauen und nach den Dingen suchen, die er für uns bereithält, kann unser Durst nach Leben echt gestillt werden.

THINK ABOUT

→ In welchen Bereichen deines Lebens bist du immer noch auf der Suche? Wo brauchst du Jesus, der weiß, was du wirklich brauchst, um glücklich zu sein?

CHALLENGE

Bitte Jesus darum, deinen Lebensdurst in diesen Bereichen zu stillen. Bitte ihn, dir zu zeigen, was der next Step ist, um da vorwärtszukommen.
Manchmal bedeutet das aber auch, dass wir die Dinge, die uns nicht wirklich weiterbringen, loslassen müssen.
Bist du bereit dafür?

PRAYER

Jesus, ich danke dir, dass du mich liebst und mein Leben nach vorne bringen willst. Zeig mir, was ich wirklich brauche, und gib mir die Kraft, dir in allen Bereichen meines Lebens zu vertrauen. Danke, dass du mir ein erfülltes Leben schenkst.

DURCHBLICK

Ist die Linse deiner Handykamera dreckig? Bearbeite sie mit einem Radiergummi und reibe dann mit einem weichen, trockenen Tuch noch mal nach. Jetzt sind alle Fettabdrücke und Schmutzreste weg und du hast wieder den ultimativen Durchblick!

**HACK
12**

rub your Eyes and say ...

YOUR DECISIONS

Ohne Durchblick läuft gar nichts. Auch in unserem Leben.
Wir müssen jeden Tag Entscheidungen treffen.
Manchmal so richtig große und total wichtige wie: Welche Ausbildung soll ich machen oder was werde ich studieren?
Welchen Freunden vertraue ich oder mit wem fange ich eine Beziehung an?
Aber auch in den kleinen Every-day-Life-Dingen beeinflussen unsere Entscheidungen unser Leben.

Lerne ich noch zu Hause oder reicht es aus, was ich im Unterricht aufgeschnappt habe? Melde ich mich für die Teen-freizeit an oder chille ich lieber zu Hause?
Gar nicht immer so easy, zu wissen, was für einen richtig ist und was nicht.

MASTERPLAN

Gott hat den ultimativen Durchblick. Als Einziger kennt er deine Zukunft und hat den Weitblick für dein Leben.
Er weiß, was in welcher Situation gut für dich ist und was dich Lichtjahre zurückwirft. Gott will dich und dein Leben nach vorne bringen. Er hat einen hammer Plan für dein Leben. Er hat sich krass viele Gedanken darüber gemacht, was er aus deinem Leben machen möchte. Er hat die kleinen Steps im Alltag genauso wie die großen und richtungsweisenden Dinge schon längst für dich in der Pipeline:
Welcher Job für dich der Beste ist.
Welche Freunde dein Leben bereichern können.
Er hält die Leute schon bereit, deren Leben du bereichern kannst. Eine Ehefrau, einen Ehemann oder auch nicht ... Ich weiß ja nicht, was Gott mit dir vorhat.
In Epheser 2, Vers 10 steht, dass wir durch Jesus dazu in der Lage sind, zu tun, was gut und richtig ist. *Und* dass Gott alles, was wir tun sollen, schon vorbereitet hat. Unser Job ist es, das, was Gott für uns vorbereitet hat, zu suchen, zu finden und zu tun. Du musst dir nicht den Riesenkopf um deine Zukunft machen. Gott hat sich diesen Kopf für dich schon gemacht.
Bist du bereit rauszufinden, welchen Plan der Master für dich ganz persönlich hat?

FOLLOW YOUR CALL

Vielleicht bist du jetzt neugierig geworden. Das ist gut! Denn Gott ruft dich! Es wäre total schade, wenn du die genialen Sachen verpassen würdest, zu denen Gott dich ruft.

Wenn du jetzt auf Entdeckungsreise gehst, um die Dinge zu finden, die Gott für dich vorbereitet hat, wirst du wahrscheinlich schnell merken, dass Gott dir nicht den kompletten Plan für dein Leben hinlegen wird. Aber was er dir hundert Pro zeigt, ist der next Step. Gott liebt es, uns den nächsten Schritt zu zeigen. Gott will Schritt für Schritt mit dir vorwärtsgehen, damit sich sein Masterplan für dein Leben Step by Step erfüllt.

THINK ABOUT

→ Was steht in nächster Zeit bei dir an? Welche Entscheidungen musst du treffen? Bring diese Sachen ganz gezielt im Gebet zu Gott und bitte ihn darum, dir zu zeigen, was er für dich in der Pipeline hat.

PRAYER

Danke, Gott, dass ich dir wichtig bin und du dir Gedanken über mein Leben gemacht hast. Hilf mir, Step by Step zu entdecken, was du für mich bereithältst. Hilf mir, die richtigen Entscheidungen für mein Leben zu treffen.

WER IST HIER DER BOSS?

Du hast dir Süßigkeiten gekauft und bekommst die Tüte nicht auf? Eine Schere hast du nicht dabei, aber noch etwas Kleingeld? Nimm zwei Münzen und halte sie oben an der Tütenöffnung auf jeder Seite der Tüte fest. Wenn du sie jetzt aneinander vorbeidrückst, wirken sie wie eine Schere und deine Tüte ist offen.Yeah, mit diesem Life Hack kannst du den Kampf gegen jede verschlossene Tüte gewinnen!

HACK
13

WER IST HIER DER BOSS?

Du bist hier der Boss! Vielleicht geht es dir genauso wie mir: Ich liebe es, Dinge im Griff zu haben! Jeder Life Hack, der mir hilft, dass ich hier die Hosen anhabe, ist ein guter Life Hack.
Immer der Boss sein zu wollen, kann einem aber ganz schön im Weg stehen.

FOLLOW YOUR CALL

Jesus hat sich Gedanken über dich gemacht. Er hat Pläne, Ziele und Absichten für dein Leben. Wie können all die Sachen, die er bereits für dich in der Pipeline hat, in dein Leben kommen?
Stell dir vor, dein Leben wäre eine Autofahrt und du hast so richtig Bock drauf, alles auf dieser Reise zu entdecken, was Jesus für dich bereithält. Wer sollte auf dem Fahrersitz sitzen und die Richtung und Geschwindigkeit bestimmen? Am besten Jesus himself, oder?
Aber wie sieht es in unserem Alltag meistens aus? Wir tun uns schwer, das Steuer aus der Hand zu geben und die Position des Bosses jemand anderem zu überlassen. Das ist ganz normal und ist ganz deep in uns Menschen drin.
Jesus weiß das und will uns Mut machen, es trotzdem immer wieder zu tun: ihn Chef in unseren Entscheidungen sein zu lassen. Denn er liebt uns, meint es mega gut mit uns und hat so viel Geniales mit uns vor. Aber wenn Jesus mit uns links abbiegen will und wir trotzdem nach rechts fahren, verpassen wir, was er in unserem Leben und durch uns hätte tun können.

YOU CAN'T HAVE IT ALL

Jesus hat das einmal so beschrieben: »*Wer versucht, sein Leben zu behalten, wird es verlieren. Doch wer sein Leben für mich aufgibt, wird das wahre Leben finden*« (Matthäus 16,25). Wer versucht, starr an seinen Plänen und Zielen festzuhalten, der wird die Pläne und Ziele von Jesus für sein Leben verpassen!

You can't have it all. Du kannst nicht gleichzeitig nach rechts und nach links abbiegen. Beides parallel funktioniert nicht. Entweder du ziehst dein Ding durch oder das, was Jesus für dich geplant hat. Bist du offen für das, was Jesus in dein Leben sprechen will? Wer ist in unserem Leben der Boss? Wir dürfen diese Entscheidung selber treffen. Jesus zwingt uns seine Vorstellung für unser Leben nicht auf. Auch uns Christen nicht. Das, was er für uns bereithält, erhalten wir nicht automatisch! Jeden Tag neu dürfen wir uns entscheiden, ob wir nach seinem Willen fragen und ihn tun wollen.

Wenn du dich dafür entscheidest, deine Absichten seinen ganz freiwillig unterzuordnen, weil du es willst, dann wirst du das wahre Leben finden, sagt Jesus. Das Leben, das er für dich bereithält. Ein erfülltes Leben! Ein Leben gefüllt mit allem, was Jesus für dich in der Pipeline hat!

THINK ABOUT

→ In welchen Bereichen deines Lebens fällt es dir schwer, Jesus den Boss sein zu lassen?

JESUS, DER GAMECHANGER

Panik!!! Was tun, wenn das Handy nass geworden ist? Ist jetzt alles verloren? Mit diesem Life Hack kannst du dein Handy retten: Mach es aus und vergrabe es für mindestens sechs Stunden in einer Schale Reis. Der Reis saugt die Feuchtigkeit auf, auch aus dem Inneren des Handys.

HACK
14

GAME OVER
– NICHTS GEHT MEHR!

Kennst du auch Situationen, in denen du dachtest,
das war's jetzt?
Handy ins Klo gefallen – das wird nie mehr. Schon wieder eine
Sechs in Mathe – die Versetzung kann ich knicken.
Streit mit dem besten Kumpel – diese Freundschaft ist futsch.

In Markus 5 ab Vers 25 lesen wir von einer Frau, die zwölf
Jahre lang eine krasse Krankheit hatte. Sie hatte Blutungen,
die nicht aufhörten. Zwölf lange Jahre schon!
Und sie war nicht nur krank. Wegen der Blutungen war sie laut
dem Gesetz Mose, an das sich die Frau und die Leute in ihrem
Umfeld hielten, auch noch unrein. Sie durfte an keinem
Gottesdienst teilnehmen. Sie durfte keinen Menschen berühren.
Alles, was sie anfasste, wo sie stand, wo sie saß, alles wurde

durch sie unrein. Das schoss sie gesellschaftlich ins absolute Aus. Sie war isoliert, alleine – lebendig begraben.

Sie rannte von Arzt zu Arzt, aber keiner konnte ihr helfen. Im Gegenteil, es wurde immer übler. Game over! Die Ärzte-Rennerei verschlang ihre ganze Kohle, und jetzt war sie auch noch pleite. Doppelt Game over!

NICHTS GEHT MEHR ...
ODER DOCH?

Dann, im absoluten Aus, hörte sie von *ihm*. Von Jesus, dem anscheinend nichts unmöglich war. Der Kranke heilte, Menschen Hoffnung gab, sie in die Freiheit führte und der Worte voller Power und Leben hatte. Sie nahm ihren ganzen Mut zusammen und ging zu Jesus, obwohl sie wusste, dass es ein »No-go« war. Das Gesetz sagte ja, sie dürfte ihn eigentlich nicht berühren! Aber sie konnte nicht anders. Wenn Jesus sie nicht heilte, konnte sie sich sowieso die Kugel geben. Und sie glaubte an ihn, an diesen Jesus von Nazareth. Er hatte die Power, die sie brauchte. »Nur seine Klamotten berühren, das müsste schon reichen«, dachte sie. Und das, was kein Arzt hingekriegt hatte, was sie für all ihre Kohle nicht kaufen konnte, was sie zwölf krass lange Jahre gequält hatte, war plötzlich weg. Diese sch… Krankheit, die ihr ganzes Leben versaut hatte, verkrümelte sich sofort, als sie die Klamotten von Jesus anfasste. Sie spürte es. Es hörte auf. Sie war geheilt, sie war frei und sie war wieder rein. Sie durfte endlich wieder leben! So mit allem: Friends, Fun and Future.

Wenn Jesus auf den Plan kommt, dann verändern sich Dinge. Auch heute noch.

Er ist *der* Gamechanger.

Er kann das Spiel noch mal drehen, jede Situation verändern. Wenn es sein muss, um 180 Grad, auch in deinem Leben. Hast du keine Möglichkeiten mehr, etwas zu ändern, stehen Jesus alle Möglichkeiten offen. Da, wo du an Grenzen stößt, kann er die Grenzen sprengen. Denn ihm ist nichts unmöglich. Er ist Gott.

Da, wo du denkst, dass es keinen Weg raus gibt, da gibt es einen, der immer einen Ausweg hat: Jesus.

THINK ABOUT

→ Wo brauchst du den ultimativen Gamechanger in deinem Leben?

→ Bist du offen für die (Aus-)Wege, die Jesus dir zeigt?

CHALLENGE

Leg Jesus im Gebet deine »Game overs« hin und vertrau darauf, dass er es gut mit dir meint und dein Leben nach vorne bringen will.

DER REGENBOGEN-EFFEKT

Du nimmst einen pinkfarbenen Filzstift und hältst für ca. zehn Sekunden einen blauen Filzstift an dessen Spitze, damit der pinkfarbene Stift die blaue Farbe aufsaugen kann. Wiederhole das nun mit einem gelben Stift und zum Schluss noch einmal mit der Farbe Rot. Jetzt hast du deinen Selfmade-Regenbogenstift für den absoluten Wow-Effekt!

HACK
15

VIELE SACHEN FÄRBEN AUF UNS AB

Wahnsinn! Es funktioniert wirklich, dass die verschiedenen Farben alle in den pinkfarbenen Stift fließen und auf ihn abfärben! Was mal ein langweiliger, einfarbiger Stift war, ist nach der Berührung der anderen Stifte alles andere als eintönig.
So wie die verschiedenen Farben auf den einen pinkfarbenen Stift abgefärbt haben, so färben in unserem Leben auch viele Dinge auf uns ab.

Das Verhalten unserer Crew beeinflusst uns und in vielen Dingen, manchmal auch ohne es zu merken, werden wir ihnen ähnlicher. Der Kleidungsstil unserer Lieblingsband findet sich oftmals nach kurzer Zeit auch in unserem Kleiderschrank wieder. Sogar welche Wörter wir benutzen, ob »übelst krass« oder »Digger«, wird von den Leuten beeinflusst, mit denen wir so abhängen.

JESUS WANTS TO BE PART OF IT!

Jesus liebt dich und er hat sich mega viele Gedanken über dich gemacht. Er will, dass dein Leben gelingt. Am besten funktioniert das, wenn du ihm ähnlicher wirst, wenn du ihm erlaubst, auf dich abzufärben.
Jesus hatte einen genialen Umgang mit Menschen, er half ihnen und war mitfühlend. Jesus hatte eine richtig tiefe Beziehung zu seinem Vater im Himmel und zog all seine Power und Stärke aus dieser Connection.
Jesus wusste genau, was er wollte, und verfolgte straight diese Ziele. Am Ende seines Lebens dachte er nicht: »Mist, ich hab's verbockt. So viele Dinge hätte ich anders machen sollen.«
Nein, Jesus lebte ganz bewusst und bereute am Ende nichts. Wenn es irgendjemanden gibt, der weiß, wie das Leben so läuft, dann er. Immerhin war er Gott, der als Mensch auf die Erde kam, um uns nahe zu kommen. *Und* damit wir an ihm sehen können, was ein Leben braucht, damit es wirklich funktioniert.

→ Darum möchte Jesus, dass wir uns an ihm ein Beispiel nehmen – in allen Bereichen unseres Lebens. Jesus möchte abfärben, auch auf dich.

THINK ABOUT

→ Wie gut kennst du Jesus? Was an ihm begeistert dich und in welchem Bereich möchtest du ihm ähnlicher werden?

CHALLENGE

Nimm dir diese Woche Zeit, in den Evangelien (Matthäus, Markus, Lukas und Johannes) zu lesen. Sie berichten über das Leben von Jesus. Schreib alles auf, was du gerne von Jesus direkt auf dein Leben abgefärbt hättest.
Bring diese Dinge im Gebet zu ihm und bitte ihn darum, diese Sachen in deinem Leben groß zu machen.

DIG DEEPER

Was Jesus in dein Leben bringen kann:
Galater 5,22-23.

NUR GEDULD!

Hast du dich auch schon mal aus Versehen mit deiner Jeans in einen alten Kaugummi gesetzt? Was für ein Mist! Um das eklige Ding wieder loszuwerden, ohne die Schere anzusetzen, nimm einen Eiswürfel und leg ihn auf den Kaugummi. Jetzt brauchst du etwas Geduld. Sobald der Kaugummi hart genug ist, kannst du ihn einfach ablösen.

HACK
16

KEEP CALM & TAKE A KAU-GUMMI

FAILED ...

Wir können es absolut nicht verhindern: Wir bauen immer wieder Mist, manchmal auch so richtig großen.
Da ist so ein Kaugummi auf der Jeans ja noch harmlos.

Shit happens! Ab und zu leisten wir uns ganz schön krasse Sachen, sogar wenn wir mit Jesus unterwegs sind. Dabei sollten wir Christen eigentlich Jesus immer ähnlicher werden.

In seinem Brief an die Galater hat Paulus alles aufgeschrieben, was Jesus ausmacht und was er durch seinen Geist in deinem Leben groß machen will: Liebe, Freude, Frieden, Geduld, Freundlichkeit, Güte, Treue, Sanftmut und Selbstbeherrschung (Galater 5,22). Das ist eine krasse Challenge! Gar nicht immer so einfach!

Was, wenn Dinge immer wieder schiefgehen? Wenn du die Beherrschung verlierst, null Bock auf nichts hast, ungeduldig oder unfreundlich bist? Wir alle bauen immer wieder Mist, manchmal sogar, wenn wir es gar nicht wollen.

Paulus ging es genauso. Paulus, der krasse Typ, der sein ganzes Leben dafür einsetzte, anderen von Jesus zu erzählen, der deswegen sogar öfter im Gefängnis landete, beschimpft wurde und immer wieder abhauen musste. Paulus, der Typ, dessen Leben zu hundert Prozent auf den Jesus-Style ausgerichtet war, tat immer wieder Dinge, die Jesus so gar nicht gut findet. Paulus hat das in seinem Brief an die Christen in Rom so beschrieben: *»Immer wieder nehme ich mir das Gute vor, aber es gelingt mir nicht, es zu verwirklichen. Wenn ich Gutes tun will, tue ich es nicht. Und wenn ich versuche, das Böse zu vermeiden, tue ich es doch«* (Römer 7,18-19).

GOTT IST GEDULDIG

Gott liebt es, wenn wir keinen Mist bauen, sondern tun, was in seinen Augen gut und gerecht ist. Er ist aber auch geduldig mit uns. Gott sagte zu Mose, nachdem das Volk Israel einen absoluten Fail hingelegt hatte: »Ich bin der Herr, der barmherzige und gnädige Gott. Meine Geduld, meine Liebe und Treue sind groß« (2. Mose 34,6).

Gott weiß, dass wir »nur« Menschen sind.

Menschen mit Fehlern und Macken, eben nicht perfekt.

Nobody is perfect, außer Gott selbst!

Gott ist es wichtig, dass wir auf dem Weg sind und es auf dem Schirm haben, ihm ähnlicher zu werden. Er gibt uns Zeit, schlechte Gewohnheiten oder Charaktereigenschaften zu verändern. Wichtig ist, dass wir dranbleiben und uns nicht entmutigen lassen. Je mehr Zeit wir mit Gott verbringen, desto mehr kann er auch auf uns abfärben. Er ist es nämlich, der uns nach vorne bringt durch seinen Geist, der in uns und an uns arbeitet.

THINK ABOUT

→ Wo legst du immer wieder einen Fail hin und bist ganz weit weg vom »Gott-ähnlich-Sein«?

PRAYER

Gott, du siehst, wo es mir immer wieder schwerfällt, zu sein wie du und zu tun, was in deinen Augen gut und gerecht ist. Hilf mir, dir da ähnlicher zu werden. Danke, dass du mich liebst. Danke für deine Geduld. Ich weiß, dass du mich verändern kannst, danke dafür. Amen.

DIE STÜTZE

Für einen praktischen Handyhalter zum Aufstellen nimm eine alte Kassettenhülle. Klappe sie auf, bis es nicht mehr weitergeht, und stelle sie zum Beispiel auf deinen Schreibtisch. Jetzt kannst du dein Handy da reinstellen, wo sonst die Kassette drin liegt. Einfach, praktisch, gut!

HACK
17

HAVE A LITTLE HELP FROM ...

Wir brauchen alle immer wieder Hilfe und Unterstützung in unserem Alltag. Einen Halter fürs Handy, damit man Videos auf Youtube schauen kann und trotzdem die Hände frei hat, um was zu knabbern. Oder die Nachhilfe der großen Schwester, damit man in der nächsten Mathearbeit nicht total ablost.
Wer oder was sind die Stützen in deinem Leben, ohne die bei dir nichts mehr geht? Deine Freunde oder Family? Dein eigenes Zimmer, das dir die nötige Auszeit garantiert? Deine Lieblingsserie, bei der du total abschalten kannst?
Wie sieht's mit deinem Glauben an Gott aus? Ist er für dich eine Stütze in deinem Alltag?

FAR, FAR AWAY

Kennst du das: Du sitzt sonntags in der Church, alles hört sich so gut und easy an, aber am Montag, Dienstag, Mittwoch ... ist nicht mehr viel davon übrig und die Sache mit Gott ist irgendwie ganz weit weg. Das, was du dir sonntags noch vorgenommen hast, kriegst du unter der Woche einfach nicht auf die Kette.
Gott steht nicht so auf Fernbeziehungen. Ab und zu am Wochenende miteinander unterwegs zu sein, das reicht ihm nicht.
Er will dein Gott sein 24/7. Sei nicht nur ein Sonntagschrist, sondern hol Gott auch in deinen Montag, Dienstag, Mittwoch, Donnerstag, Freitag und Samstag.

DAS ANGEBOT

Gottes Angebot gilt: »Ich bin bei dir, immer, an allen Tagen.«
Er hat keinen Tag in der Woche frei, verliert an keinem Tag
irgendeiner Woche das Interesse an dir oder ist nicht in der Lage,
zu handeln. Der lebendige Gott ist immer da, nicht nur in
der Church, nicht nur im Teenkreis, sondern auch in der Schule,
bei deiner Family, beim Chillen mit Freunden, bei der übelst
schweren Klassenarbeit. IMMER!
Er will dich weiterbringen, jeden Tag! Er kann dir die Power
schenken, die du brauchst. Freude, wenn du nichts zu lachen
hast. Trost, wenn Sachen schieflaufen, eben das, was du in deinem Alltag gerade nötig hast. Er will *die* Stütze für dich sein, und
das nicht nur einmal in der Woche, sondern 24/7.

THINK ABOUT

→ Wo fühlst du dich im Alltag ganz weit weg von Gott?

CHALLENGE

Mach eine Liste von allen Dingen, die dich deiner Meinung
nach daran hindern, deinen Glauben im Alltag zu leben.
Bitte Gott darum, dass er dir hilft, an diesen Punkten etwas zu
verändern. Schreibe nach deinem Gespräch mit Gott hinter
jeden Punkt mögliche Lösungen und Ideen. Gott wird dir sicher
gute Ideen schenken.

TIPPS

→ Versuche, möglichst oft in der Bibel zu lesen. Vielleicht schaffst du es ja sogar jeden Tag. Die Bibel bringt Gottes Gedanken in dein Leben. So kann Gott jeden Tag zu dir sprechen – das schafft Nähe.

→ Es hilft total, wenn man jeden Tag mit Gott spricht. Versuch das doch auch mal. Und finde heraus, welche Tageszeit dir am besten passt. Mir gefällt es gut, morgens als Erstes und abends als Letztes mit Gott zu reden. Mit Gott im Gespräch bleiben hilft, dass eure Connection auch unter der Woche nicht abreißt.

→ Treff dich auch unter der Woche mit anderen Christen. Schließe dich einem Teenkreis oder einer Kleingruppe aus Christen an, damit du mit deinem Glauben auch im Alltag nicht alleine bist.

PRAYER

Ich danke dir, Gott, dass du die Stütze in meinem Leben bist. Hilf mir, dass ich an jedem Tag der Woche mit dir gemeinsam unterwegs bin. Danke für alle praktischen Ideen, die du mir heute geschenkt hast, dir im Alltag noch näher zu kommen. Hilf mir, das alles jetzt umzusetzen. Danke!

THE PAST

Hier ist ein klasse Life Hack, um angefangene Joghurtbecher wieder zu verschließen.

DU NIMMST DEN TEIL EINES STROHHALMS, DER SICH KNICKEN LÄSST, UND SCHNEIDEST IHN AUF JEDER SEITE MIT CA. 1 CM ABSTAND AB. JETZT SCHNEIDEST DU MIT EINER DÜNNEN SCHERE DAS STÜCK STROHHALM DER LÄNGE NACH AUF.

BEFESTIGE JETZT DAS STÜCK STROHHALM SO, DASS DER ALUDECKEL UND DER BECHER AUFEINANDERGEDRÜCKT WERDEN. JETZT IST DEIN JOGHURT GUT VERSCHLOSSEN UND HÄLT BESTIMMT NOCH EINEN TAG DURCH.

DECKEL DRAUF!

Manche Dinge musst du gut verschließen, sonst kannst du
den Inhalt am nächsten Tag vergessen: angefangene Joghurtbecher, Cremedosen oder Farbtuben.
Manche Dinge musst du auch in deinem Leben gut zumachen.
Auf manche Erlebnisse aus der Vergangenheit sollte der Deckel
draufgelegt und ein Schlussstrich drunter gezogen werden,
sonst tritt es dich in den Hintern. Unsere Vergangenheit
hat nämlich immer auch einen Einfluss auf unsere Gegenwart
und damit auf unsere Zukunft.

DER MIST VON GESTERN

Kennst du das auch aus deinem Leben: Du hast schlechte
Erfahrungen mit manchen Leuten gemacht und das triggert dich
jetzt total? Jemand, dem du mega vertraut hast, hat dich gelinkt.
Das tut so richtig weh und das wirst du so schnell auch
nicht vergessen. »Never ever werde ich irgendjemandem wieder
so vertrauen« ist ab jetzt dein Motto!
Oder Leute haben schlechte Sachen über dich gesagt,
und obwohl du weißt, dass es Lügen sind, lässt dich das trotzdem
nicht wirklich los: »Du bist eh ein Loser« oder »Jemanden wie
dich kann man nicht gern haben«. Du willst es nicht, aber
diese Ansagen beeinflussen, wie du dich selber siehst oder was
du dir zutraust.
Manchmal verfolgt uns auch der Mist, den wir in der Vergangenheit gebaut haben.

Paulus war ein Typ, der vor zweitausend Jahren die ersten Christen verfolgte. Ein Kopfgeldjäger, der darauf programmiert war, die Kirche auszurotten. Bis ihm Jesus in einem krassen Licht begegnete. Paulus war so geflasht, dass es ihm die Füße wegzog und ihn umhaute. Da checkte er, dass er total falsch lag: Jesus war tatsächlich nicht nur ein einfacher Mensch, ein Betrüger, ein Blender. *Nein*, Jesus war wirklich Gottes Sohn! Von dem Tag an war alles anders! Jetzt war Paulus nicht mehr gegen, sondern pro Jesus am Start. Aber seine Vergangenheit wollte ihn immer wieder einholen. Was er den Christen angetan hatte, ließ ihn nicht kalt. Der Mist, den er in der Vergangenheit gebaut hatte, verfolgte ihn in der Gegenwart.

MIT JESUS NACH VORNE SCHAUEN

Paulus wusste aber auch, wenn er das, was er getan hatte, nicht unter seine Füße kriegte, könnte er für Jesus nichts bewirken. Er wäre ausgeknockt!
Jesus vergab ihm, weil Paulus seine Taten echt bereute.
Mit Jesus und seiner Liebe und Gnade konnte Paulus einen Schlussstrich unter sein altes Leben ziehen, sich selber verzeihen und jetzt anderen von Jesus erzählen.

MISSION POSSIBLE

Jesus möchte auch dir helfen, mit Dingen aus deiner Vergangenheit abzuschließen. Das ist nicht immer leicht, aber mit *ihm* ist es möglich. Nicht der Mist von früher, nicht das, was Menschen über dich gesagt haben, oder schlechte Erfahrungen sollen deine Zukunft bestimmen, sondern das, was Jesus noch für dein Leben am Start hat.

PRAYER

Jesus, hilf mir, unter meine Füße zu kriegen, was mich daran hindert, die Person zu sein, die du in mir siehst, und das Leben zu leben, das du für mich hast.
Danke, dass mit dir alles möglich ist. Danke, dass alleine deine Gedanken über mich meine Zukunft bestimmen.

GROWING

STRONGER

Um dein Ladekabel vor Bruchstellen durch Abknicken zu schützen, nimm die Feder eines Kugelschreibers und wickle sie um die Problemstelle. Jetzt kann dein Kabel nicht mehr abknicken und bleibt trotzdem beweglich.

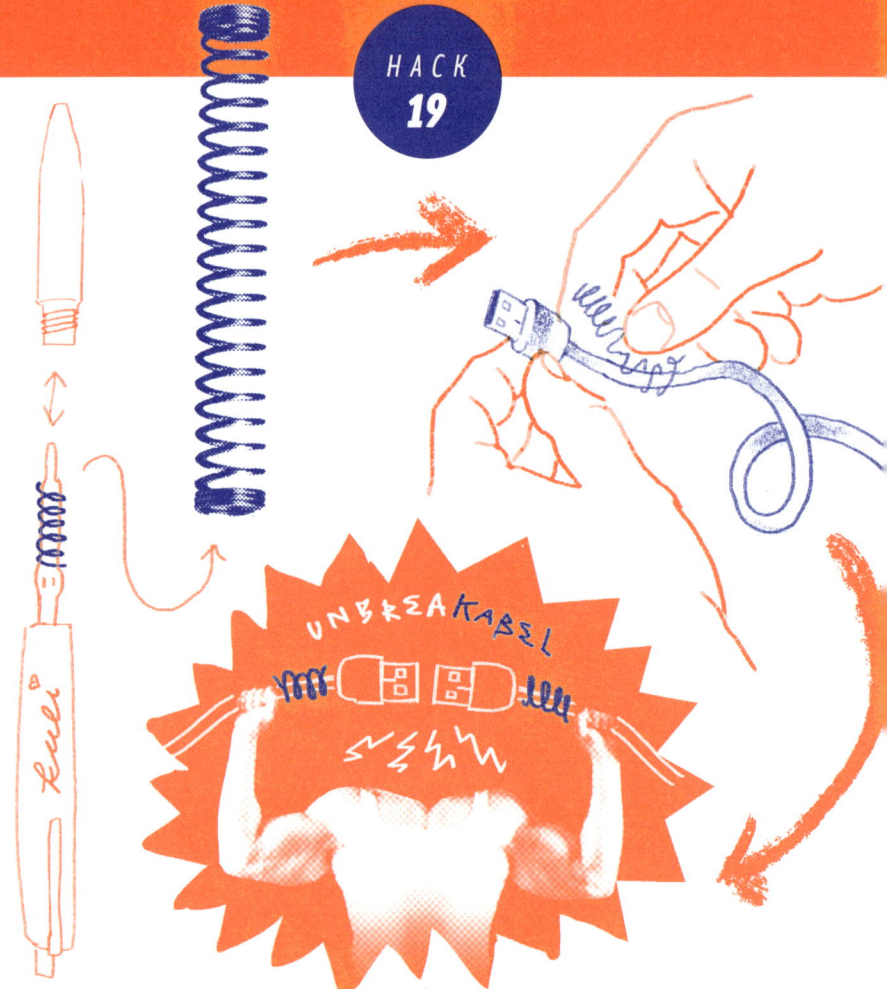

HACK
19

HOP ODER TOP

Zu viel Beanspruchung hat oft zur Folge, dass Dinge kaputtgehen.
Nicht jedes Teil hält der Belastung auf Dauer stand.
Genau wie wir Menschen.
Hast du dich auch schon mal gefragt, warum manche Menschen
aus krassen Herausforderungen stärker als vorher raus-
kommen, während andere beim kleinsten Druck oder der ersten
Challenge, die in ihr Leben kommt, einknicken?
Wie schafft man es, sich von Leuten, die es nicht gut mit einem
meinen, nicht einschüchtern zu lassen?
Wie bleibt man stark, wenn Dinge passieren, die einem den Bo-
den unter den Füßen wegziehen wollen?
Wie kann man mutig dem Riesen entgegentreten, der sich gerade
im eigenen Leben breitgemacht hat, anstatt abzuhauen und sich
ängstlich zu verkriechen?

DEINE ÜBERZEUGUNG IST ENTSCHEIDEND

In der Bibel lesen wir von einem jungen Mann namens David,
dessen Job es war, Schafe zu hüten, und der wortwörtlich
eines Tages vor einem großen Riesen stand: Goliat, dem Hulk
unter den Philistern. Groß, mit Muskeln bepackt, bewaffnet
bis unter die Zähne und von klein auf darauf trainiert,
ein Kämpfer zu sein. Er bewarf Gott mit Dreck, indem er miese
Sachen über ihn sagte, und er forderte Davids Leute,
die Israeliten, zum Kampf auf. Alle Israeliten hatten die Hosen

voll und wollten nur noch abhauen – zu Recht. Nur David nicht.
Er war sich sicher, dass er gegen diesen Hulk gewinnen konnte.
David glaubte fest daran, die Lösung für diese Herausforderung zu haben: Gott!

Wenn du in üblen Situationen steckst, siehst du in Gott die Lösung oder das Problem? Gibst du Gott die Schuld dafür oder holst du ihn an deine Seite?

Für David war Gott die Lösung. Deshalb sagte er: »*Der Herr, der mich aus den Klauen des Löwen und des Bären gerettet hat, wird mich auch vor diesem Philister retten!*« (1. Samuel 17,37). Und tatsächlich: David gewann mit Gottes Hilfe diesen Fight und rettete seine Leute. Er zerbrach nicht an dieser Herausforderung, sondern ging gestärkt daraus hervor.

Deine Überzeugung entscheidet, wie du aus schweren Zeiten und krassen Momenten rauskommst: zerbrochen oder gestärkt. Glaubst du, dass Gott dich liebt und gute Absichten für dein Leben hat, auch wenn es schwierig wird? Vertraust du Gott und kommst du mit dem Mist, der dir begegnet, zu ihm? Wenn ja, hast du den stärksten und besten Krisenmanager des Universums fest an deiner Seite. Er wird dir helfen, die richtigen Entscheidungen zu treffen, dir Kraft und Mut geben und dafür sorgen, dass du stärker als vorher aus Herausforderungen rauskommst. Jedes Mal, wenn Gott dich durchgetragen hat, wird dein Glaube an ihn und dein Vertrauen in ihn fester sein.

Darum sagt uns die Bibel sogar, dass wir es als ein Geschenk sehen sollen, wenn Riesen in unser Leben kommen, denn unser Glaube wird stärker sein, nachdem wir den Riesen besiegt haben. Wir wachsen durch Herausforderung.

David hat Goliat mit Gottes Hilfe besiegt, und du kannst die Riesen deines Lebens auch mit Gottes Hilfe plattmachen.

Betrachte Gott nicht als Teil des Problems, lauf nicht vor ihm weg, sondern hol ihn als deine Lösung mitten rein.

DIG DEEPER

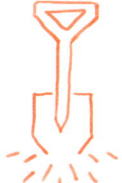

Die Story von David und Goliat:
1. Samuel 17,32-51.

Herausforderungen als Geschenk:
Jakobus 1,2-4.

PRAYER

Danke, Gott, dass du mich liebst. Auch wenn du nicht alle Riesen von mir fernhältst, will ich fest daran glauben, dass ich sie mit deiner Hilfe besiegen kann. Danke, dass du mich stark machst und mein Glaube an dich immer weiter wächst.

PRAYER

Hier ist ein Life Hack, mit dem du das Weiß deiner
Turnschuhe wieder zurückholen kannst.

HACK 20

NIMM EINE SAUBERE ZAHN-
BÜRSTE UND MACH ZAHNPASTA
UND EIN PAAR TROPFEN WASSER DRAUF.
BEHANDLE JETZT DIE GUMMISTREIFEN
DEINER TURNSCHUHE MIT DER
ZAHNPASTALAUGE. NIMM DEN SCHAUM
MIT EINEM TUCH AB UND TADA:
DER DRECK IST WEG.

DAS FUNKTIONIERT AUCH BEIM
GESAMTEN TURNSCHUH, WENN ER
AUS KUNSTLEDER IST.

BEZIEHUNGSPFLEGE

Damit Turnschuhe lange gut aussehen, muss man sie pflegen. Auch unsere Beziehung zu Gott muss gepflegt werden, damit sie auf Dauer hält oder sogar immer besser wird.

Daniel, ein Typ, der 600 v. Chr. lebte und von dem wir in der Bibel lesen, investierte in seine Beziehung zu Gott, indem er das Gebet richtig fett hochhielt. Er steckte jeden Tag Zeit in den Austausch mit Gott. Denn genau das bedeutet Beten: mit Gott reden und von Gott hören.

Daniel lebte im Exil, weit weg von seinem Zuhause. Jeden Tag betete er bei offenem Fenster in Richtung Jerusalem, seiner Heimat. Jeden Tag! Dreimal! Daran gab es nichts zu rütteln, nichts und niemand konnte ihn davon abhalten.

MEHR ALS EIN RITUAL

Für ihn war das keine religiöse Pflichterfüllung. Auch kein bloßes Ritual, das halt irgendwie dazugehörte. Daniel tat es, weil ihm seine Beziehung zu Gott wichtig war, und er war absolut mit dem Herzen dabei. Es bedeutete ihm viel, denn:

Wer betet, erlebt Gott hautnah.

Wer betet, bekommt Antworten direkt von oben.

Wer betet, kann seine Fails bei Gott abgeben und Vergebung bekommen.

Wer betet, kann Angst, Sorgen und Trauer zu Gott bringen und bekommt Trost, neue Power und Hilfe von dem, dem nichts unmöglich ist.

Daniel wusste, er war abhängig davon, dass sein Draht nach oben stark ist. Selbst als es verboten wurde, in Babylon zu beten, wo er jetzt lebte und Gott nicht viel zählte, hörte er nicht auf, seine Beziehung zu Gott zu pflegen. Er schloss nicht mal sein Fenster, sodass er erwischt und in ein Loch voller Löwen geworfen wurde. Daniels Draht nach oben zahlte sich aus; Gott rettete ihn aus der Löwengrube. Und er kam aus dieser krassen Situation ohne einen einzigen Kratzer raus.

THINK ABOUT

→ Was tust du, um deine Beziehung zu Gott zu pflegen?
→ Welchen Stellenwert hat das Gebet in deinem Leben? Ist es nur ein Ritual vor dem Essen oder Schlafengehen? Oder ist es ein echter Austausch straight from your Heart?
→ Bekommst du Power, Hilfe, Trost und Antworten, wenn du betest?

TIPPS

→ Suche Leute in deinem Umfeld, die ganz viel beten, und hol dir Tipps von ihnen für deine Gebetszeiten.
→ Nimm dir heute noch vor, dass Gebet für dich mehr als Pflichterfüllung ist.
→ Alles, was dir hilft, regelmäßig jeden Tag zu beten, ist gut: Deine Erinnerungsfunktion im Handy, die dich immer zur selben Zeit ans Beten erinnert.

→ Immer derselbe Ort, an dem du nicht abgelenkt wirst. Deine favourite Worship-Band, die gemeinsam mit dir anbetet. Eine Kerze auf dem Tisch, die dir hilft, dich ganz auf Gott zu fokussieren.

→ Mach deine eigene Liste an Dingen, die dir persönlich helfen, und benutze sie.

→ Special Tipp: Führe ein Gebetstagebuch, indem du alles aufschreibst, was du in deinen Gebetszeiten erlebst und wo und wie Gott deine Gebete erhört. Wenn du mal einen Durchhänger hast, lies darin. Es wird dich neu motivieren.

PRAYER

Danke, Gott, dass du auf Gebet reagierst. Danke, dass du nah dran sein willst an meinem Leben. Ich danke dir jetzt schon dafür, was ich noch alles Cooles in meinen Gebetszeiten erleben werde und dass bald schon kein Blatt mehr zwischen uns passt.

PRAYER
#FürDieAnderen

Dein Stieleis tropft dir deine Klamotten voll? Nimm einfach ein Muffinpapier, mach einen kleinen Cut in den Boden und schiebe es auf den Stiel direkt unter dein Eis. Jetzt hast du eine Self-made-Eistropfen-Auffangschale.

HACK
21

AUFFANGEN

Für Menschen, die uns wichtig sind, wollen wir nur das Beste.
Am liebsten wären wir für sie wie so eine Auffangschale.
Wir würden gerne ihre Probleme und ihren Trouble mit ihnen
oder sogar für sie lösen. Ihnen bei ihren Challenges helfen, oder
besser noch, sie für sie rocken. Wie cool wäre das denn, wenn wir
sie wieder happy machen könnten, wenn sie mal down sind.
Ich weiß nicht, bei welchen Leuten du gerne einen auf
Auffangschale machen würdest, aber ich habe gleich ein paar
Leute auf dem Schirm. Die sind mir so wichtig, dass ich echt
einiges geben würde, wenn ich die krassen Sachen, die ihr
Leben heavy machen, für sie abfangen könnte.
Samuel, ein Typ, der vor ca. dreitausend Jahren lebte und von
dem wir in der Bibel lesen, hatte gleich eine ganze Nation auf
seinem persönlichen Schirm: das Volk Israel. Die mussten immer
wieder verrückte und krasse Sachen durchmachen.
Einiges haben sie selbst verbockt, manches ist über sie hereinge-
brochen. Samuel war selbst ein Israelit. Er war ihr Chief,
er liebte seine Leute und wollte nur das Beste für sie.
Das war eine Challenge, die so richtig big war. Was hat Samuel
gemacht, um den Trouble abzufangen, sie immer wieder auf
die richtige Spur zu bringen und das Beste für sie rauszuholen?

BETEN HILFT

Für Samuel war klar, dass er als Mensch niemals alles
liefern kann, um andere weiterzubringen. Trotzdem drehte er
nicht durch, verzweifelte oder schmiss alles hin.

Er zapfte den an, der das alles für seine Leute rocken kann: Gott!
Samuels Motto war:

>*»Was mich angeht, so werde ich ganz bestimmt nicht gegen den*
>*Herrn sündigen, indem ich aufhöre, für euch zu beten.«*

1. Samuel 12,23

Bei jedem Trouble, jeder Challenge und immer, wenn sie nicht
weiterwussten oder einen schlechten Weg eingeschlagen hatten,
betete Samuel für Israel. Er war ein Fürbitter.
Und Gott? Der reagierte auf seine Gebete und griff ein.
Immer wieder. Du musst und kannst die Probleme deiner Leute
nicht für sie lösen. Gott hat die besseren Skills für ihr Leben.
Was du tun kannst, ist, für sie zu beten. Das bedeutet,
bei Gott für sie und ihren Trouble zu bitten. Werde ein Fürbitter
wie Samuel.

GOLD NUGGET

>*»Bittet, und ihr werdet erhalten. Sucht, und ihr werdet finden.*
>*Klopft an, und die Tür wird euch geöffnet werden.*
>*Denn wer bittet, wird erhalten. Wer sucht, wird finden.*
>*Und die Tür wird jedem geöffnet, der anklopft.«*

Matthäus 7,7-8

CHALLENGE

Beten hilft mehr, als sich Sorgen zu machen. Nutze die Zeit, in der du dir seither einen Kopf über deine Leute gemacht hast, um für sie zu beten. Du kannst dir als persönlichen Reminder eine Gebetsliste anlegen mit den Namen und dem jeweiligen Trouble deiner Leute. Mach einen fetten farbigen Haken hinter jeden Punkt, den Gott gerockt hat. Das pusht dich immer wieder, beim Gebet für andere dranzubleiben.

DIG DEEPER

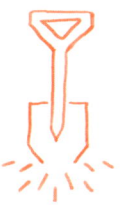

Die Story von Samuel:

1. Samuel 1–13

und

1. Samuel 16,1-13.

REPARIEREN VS. WEGWERFEN

Kennst du das auch? Dein Mäppchen ist noch top in Ordnung, aber der Griff des Reißverschlusses ist abgebrochen. Nimm eine einfache Büroklammer und befestige sie an der Öse des Reißverschlusses. Schon kannst du dein Mäppchen wieder benutzen. Das funktioniert übrigens auch beim Reißverschluss deiner Lieblingsjacke.

HACK
22

TOTAL ÄRGERLICH!

Wenn bei einem Lieblingsteil etwas kaputtgeht, ist das immer besonders hart. Da hast du endlich die Kohle für die neuen Sneakers zusammen und kaum gekauft, löst sich schon das Emblem. Oder dein Handy hat den letzten Sturz nicht so gut verkraftet und das Display macht jetzt einen auf Spinnennetz. Manchmal sind es nur Kleinigkeiten, die kaputtgehen oder nicht mehr so funktionieren, wie sie sollten, und schon ist die ganze Sache nicht mehr wirklich brauchbar. Es ist schon krass, wie Kleinigkeiten oft so große Auswirkungen haben können.

KLEINE SACHE, GROSSE AUSWIRKUNG

Dieses Phänomen gibt es auch in Beziehungen. In dem einen Moment denkst du noch: »Nichts kann dich jemals trennen«, und im nächsten Moment ist alles anders. Ein unüberlegtes Wort, ein falscher Blick und schon gibt's Riesenstress.
Wir sind jeden Tag damit konfrontiert, dass wichtige Beziehungen oder wertvolle Freundschaften auch Risse bekommen können.

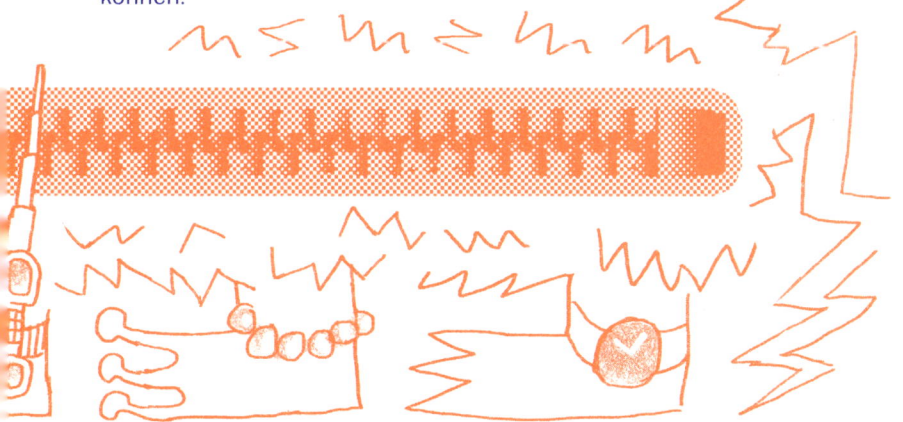

REPARIEREN ODER WEGWERFEN?

Wenn etwas in der Beziehung zwischen dir und jemand anderem kaputtgegangen ist, dreht sich meistens erst mal das Kopfkarussell: *Kann das wieder werden? Hab ich da überhaupt noch Bock drauf? Kann ich das jemals verzeihen? Wie kann ich das wiedergutmachen? Gibt es einen next Step für uns? Will ich, dass es wieder gut wird, oder bin ich durch damit?*
Ein Ehepaar, das dreißig Jahre lang glücklich verheiratet war, wurde nach ihrem Geheimnis gefragt. Die Antwort war: »Wir kommen aus einer Zeit, in der man erst mal versucht hat, Dinge zu reparieren, bevor man sie wegwirft.«

HARD AT WORK

Jesus setzt voll darauf, in Beziehungen zu investieren.
Das kann anstrengend sein, lohnt sich aber total. Er selbst ist da ein geniales Vorbild. Jesus investierte sich in Petrus und Judas genauso wie in seine anderen Jünger. Und das, obwohl er wusste, dass der eine, wenn's drauf ankommt, nicht zu ihm stehen und der andere ihn für Kohle verraten würde.
Jesus sprach immer die Dinge an, die seine Beziehung zu den Menschen belasteten. Er nahm sich Zeit und hörte zu, wenn es nötig war. Jesus war hartnäckig beim Thema Freundschaft und hatte viel Geduld mit den Macken der anderen.
Er schloss so leicht keine Freundschaft ab.

Seine Life Hacks, um Beziehungen zu kitten, sind: aufeinander zugehen, verzeihen, um Entschuldigung bitten, an sich arbeiten, Verständnis füreinander aufbringen, das Beste für den anderen suchen und miteinander reden anstatt übereinander. Probier's bei der nächsten Beziehungskrise doch einfach mal aus!

GOLD NUGGETS

»Seid freundlich und demütig, geduldig im Umgang miteinander. Ertragt einander voller Liebe.«

Epheser 4,2

»Seht zu, dass niemand Böses mit Bösem vergilt, sondern versucht immer, einander und auch allen anderen Gutes zu tun!«

1. Thessalonicher 5,15

AKKU LEER!

Kennst du das auch? Du willst gerade das Haus verlassen,
bist mega im Stress und da merkst du es:
Dein Handyakku ist fast leer. Keine Panik! Mit diesem einfachen
Trick kannst du dein Handy schneller als normal aufladen.

HACK
23

SCHALTE DEN FLUGMODUS EIN, WÄHREND
DEIN HANDY LÄDT. SO MUSS DEIN HANDY
WÄHREND DES LADENS WENIGER ARBEITEN UND
KANN SCHNELLER MEHR SAFT SPEICHERN.
ACHTUNG: VERGISS NICHT, DANACH
DEN FLUGMODUS WIEDER ZU DEAKTIVIEREN,
SONST BIST DU NICHT ERREICHBAR.

AKKU LEER?

Nicht nur Handyakkus können sich erschöpfen, auch unser
Akku kann immer wieder leer gehen.
Elia kam auch einmal an den Punkt, an dem sein Akku auf null
Prozent zuging. Er lebte eine absolut herausfordernde
Berufung, denn er war ein Prophet Gottes.
Jemand, der Königen Messages von Gott überbrachte. Nicht
jede Nachricht kam da so gut an. Das kostete Elia ganz schön viel
Kraft und Mut. Als dann noch Isebel, die Frau von König Ahab,
drohte, ihn zu töten, war's das für ihn. Schluss, aus, vorbei – er
konnte nicht mehr. Akku auf zero, das kennen wir alle, oder?
Keine Power mehr. Keinen Mut mehr. Das letzte bisschen Hoff-
nung verbraten oder einfach null Motivation mehr übrig.

UND JETZT?

Als Elia am Point Zero war, zog er sich komplett raus und ging
in die Wüste. Er legte sich unter einen Strauch und wollte nur
noch sterben. Als ihm alles too much wurde, gab er auf. Und was
machte Gott? Der schickte ihm einen Engel. Der weckte den
erschöpften und schlafenden Elia erst mal auf und gab ihm etwas
zu essen. »Steh auf und iss«, war die Message von Gott an Elia.
Nachdem Elia sich den Bauch vollgeschlagen und noch mal
eine Runde gepennt hatte, kam der Engel ein zweites Mal. Wieder
mit Futter im Gepäck. »Steh auf und iss, denn vor dir liegt eine
lange Reise«, lautete diesmal die Message für den Propheten.
Elia ließ sich von Gott ganz neu motivieren. Er tankte mit Schlaf
und Essen neue Kraft und war »ready to go for it«.

AUFGEBEN ODER AUFTANKEN

Wenn der Akku leer ist und nichts mehr geht, gibt es zwei Möglichkeiten: aufgeben oder auftanken.

Genauso wie das Handy die Stromquelle braucht, brauchen wir Gott als Quelle. Wir dürfen uns immer wieder an ihn als unsere Quelle andocken. Genau wie bei Elia möchte Gott auch deinen Akku wieder aufladen.

Was auch immer hinter dir liegt, was auch immer dich so gestresst hat, bei Gott gibt es frische Power. Er ist die Quelle für deine Kraft, deinen Mut, neue Hoffnung und neue Wege.

Egal welche Herausforderung vor dir liegt, bei Gott kannst du dich mit allem auftanken, was du brauchst, um weiterzugehen.

Für Gott ist Aufgeben keine Option.

Er will dich anfeuern, dich mit allem aufladen, was du brauchst, um die nächste Challenge zu meistern.

CHALLENGE

In welchem Bereich deines Lebens ist dein Akku gerade absolut leer? Mach es wie Elia: Schalte den Flugmodus ein und sei nicht erreichbar. Zieh dich erst mal raus und nimm dir Zeit, bei Gott anzudocken. In einer ganz persönlichen Worship-Zeit oder beim Bibellesen. Manchmal hilft es auch, Gott den ganzen Shit im Gebet zu bringen. Er kann dich wieder aufpäppeln und dir dann neue Möglichkeiten zeigen.

DIG DEEPER

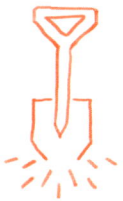

Die Story von Elia:
1. Könige 19,1-8.

GOLD NUGGET

»Dann sagte Jesus: ›Kommt alle her zu mir, die ihr müde seid und schwere Lasten tragt, ich will euch Ruhe schenken.‹«

Matthäus 11,28

FEELINGS

Was tun, wenn der Lieblings-Hoodie sein Kapuzenband verloren hat? Don't worry! Du kannst dein Smartphone wieder wegpacken und die vielen Wut-Emojis löschen. Mit diesem Life Hack kannst du das Band ganz einfach wieder an seinen Platz bringen.

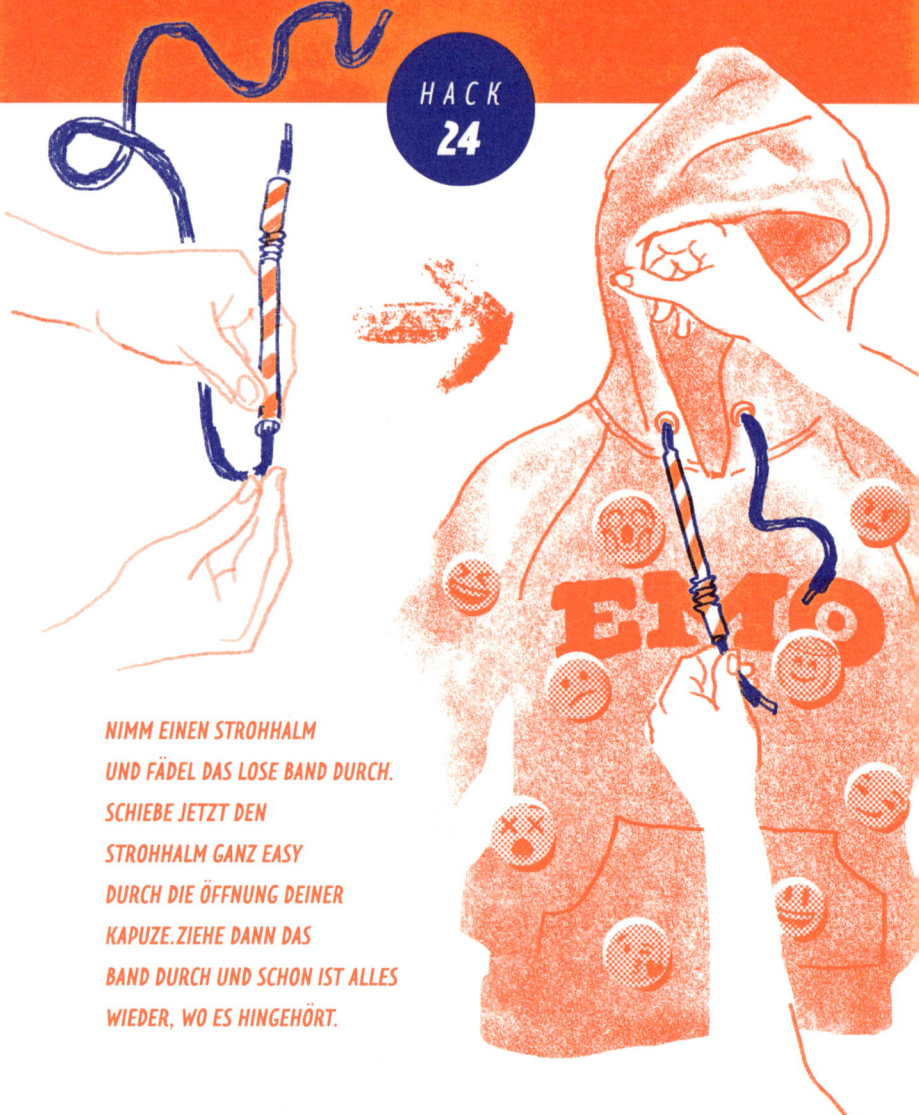

HACK
24

NIMM EINEN STROHHALM UND FÄDEL DAS LOSE BAND DURCH. SCHIEBE JETZT DEN STROHHALM GANZ EASY DURCH DIE ÖFFNUNG DEINER KAPUZE. ZIEHE DANN DAS BAND DURCH UND SCHON IST ALLES WIEDER, WO ES HINGEHÖRT.

GEFÜHLE

Kennst du auch solche Momente, in denen du Panik schiebst, weil du glaubst, das war's jetzt? Das Gefühl von Panik, Angst, Sorgen, Hilflosigkeit oder Wut?
Gefühle! Jeder hat sie. Mädels genauso wie Jungs.
Und jeden Tag müssen wir neu mit unseren Feelings fertigwerden. Das ist eine echt harte Challenge manchmal, oder?
Die verschiedensten Feelings kommen im Every-day-Life in uns hoch. Manche werden durch andere Menschen in uns ausgelöst, andere durch bestimmte Situationen. Unsere Feelings beeinflussen so ziemlich alles: unsere Gedanken, wie wir auf manche Menschen reagieren oder uns in bestimmten Situationen verhalten.

IM GRIFF?

Unsere Gefühle wirken sich krass auf uns aus. Wir gehen shoppen aus Frust. Wir schmeißen unsere Fußballkarriere im Verein hin aus Enttäuschung über unsere Leistung im letzten Spiel. Wir lästern über andere aus Neid. Wir machen große Versprechungen aus einem Glücksfeeling heraus, die wir gar nicht halten können. Oft sagen oder tun wir Dinge aus einem bestimmten Feeling heraus, und kaum ist das Gefühl wieder abgekühlt, bereuen wir, was wir gedacht, gesagt oder getan haben.
Ich habe sofort tausend Situationen im Kopf, in denen mich meine Gefühle total im Griff hatten, du auch?

WER IST HIER DER BOSS?

Dabei ist es doch viel besser, sich von Gott leiten zu lassen, der den absoluten Durchblick hat, als von seinen Feelings.
Gott hat gute Gedanken und gute Pläne für dein Leben. Aber wenn du dich von deinen Gefühlen bestimmen lässt, erlaubst du gerade den Menschen, die dich krass nerven, und den Situationen, die dich fertigmachen, Pingpong mit dir zu spielen.

WOHIN DAMIT?

Gefühle sind gute Mitarbeiter. Sie zeigen, wie es dir mit Menschen und Situationen geht. Sie können ein Warnsignal sein und dir zeigen, dass du etwas ändern musst. Gott hat uns Gefühle gegeben, das ist voll okay!
Wir dürfen mit unseren Gefühlen zu Gott kommen.
Sie unter den Teppich zu kehren, macht einen nur krank. Gefühle müssen bearbeitet werden, und Gott ist der beste Seelsorger.
Er will deinen Gefühlen begegnen. Dich runterbringen, trösten, wieder aufbauen und dann deinen Blick neu auf das ausrichten, was er für dich bereithält.
Gefühle sind gute Mitarbeiter, aber schlechte Leiter.
Lass lieber Gott dein Leben leiten. Er hat einen Plan für dein Leben. Er möchte dir ein erfülltes Leben schenken und dir in all dem Gefühlschaos Klarheit geben, was der next Step ist, damit du in seiner Spur für dein Leben bleibst.

GOLD NUGGET

»Wer von seiner menschlichen Natur beherrscht wird, ist von ihren selbstsüchtigen Wünschen bestimmt, doch wer vom Heiligen Geist geleitet wird, richtet sich nach dem, was der Geist will.«

Römer 8,5

THINK ABOUT

→ Wo lässt du dich gerade mehr von deinen Gefühlen leiten als von Gott?

CHALLENGE

Bring deine Gefühle zu Gott und bitte ihn, dir da zu begegnen und dir zu helfen, deine Gefühle zu verarbeiten.
Bitte ihn, dir zu zeigen, was sein Wille für dich in dieser Sache ist.

CHAOS VS. ORDNUNG

Hast du auch die Nase voll vom ständigen chaotischen Kabelsalat? Nimm ein paar breite Foldback-Clips, auch Vielzweckklemmen genannt, und befestige sie da, wo endlich Ordnung sein soll, zum Beispiel an deinem Schreibtisch. Ziehe jetzt jedes Kabel durch den Griff einer Klemme und alle Kabel laufen in geordneten Bahnen. Kein Verheddern oder endloses Suchen mehr.

HACK
25

LIEBER CHAOS ODER ORDNUNG?

Hast du dich auch schon mal gefragt, was eigentlich besser ist: Chaos oder Ordnung? Man will ja kein Spießer sein und ständig auf Ordnung pochen. Und ist Chaos nicht auch etwas total Kreatives?

Was mein Zimmer anging, habe ich früher immer nach dem Motto gelebt: »Wer aufräumt, ist nur zu faul zum Suchen.« Das hat immer so lange funktioniert, bis ich schnell was gebraucht habe und es in meinem krassen Zimmerchaos einfach nicht mehr finden konnte. Was habe ich in solchen Momenten geschwitzt, gesucht und gebetet. Vor allem wenn meine BFF in der Tür stand und voll dringend ihre Ohrringe wieder zurückwollte – für ihr Date in einer halben Stunde.

Kennst du solche Momente auch, wo du dir mehr Ordnung in deinem persönlichen Chaos wünschst? Nicht nur was dein Zimmer oder deine Schultasche angeht, sondern auch das Chaos in deinen Beziehungen oder in deinem Kopf?

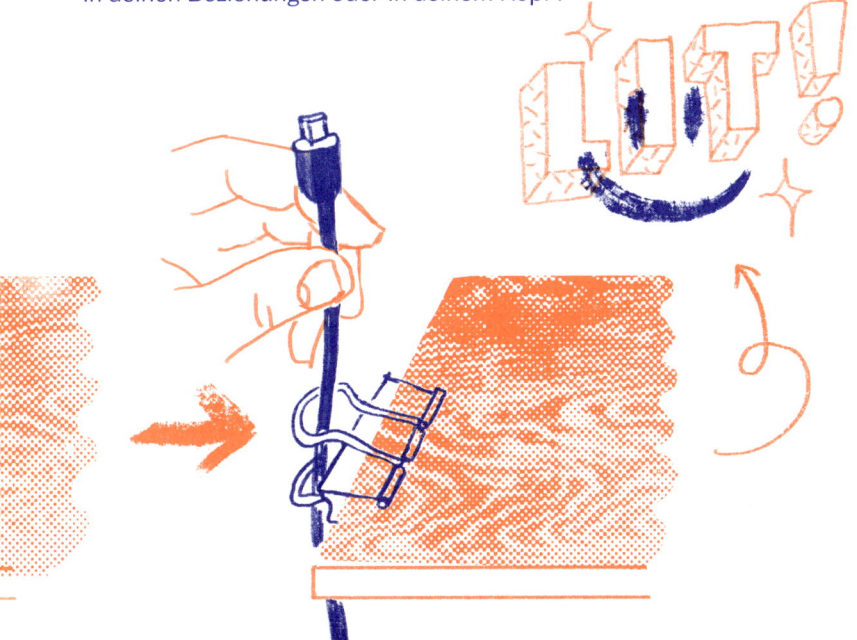

GOTT BRINGT ORDNUNG INS CHAOS

Ganz am Anfang der Bibel, wo der Start des Universums, der Erde und des ganzen Lebens beschrieben wird, steht in 1. Mose 1, Verse 1 und 2: »*Am Anfang schuf Gott den Himmel und die Erde. Die Erde aber war wüst und öde, finster war es über den Wassern. Und der Geist Gottes schwebte über der Wasserfläche.*«
Es herrschte noch totales Chaos. Überall Wasser und Finsternis, kein guter Ausgangspunkt für Leben, Farben und Vielfalt. Gott musste die Dinge erst noch ordnen. Er trennte Licht und Finsternis, sodass Tag und Nacht entstanden. Eine Zeit für Licht und eine für Dunkelheit. Und das ist gut so; bei Tageslicht schlafen ist echt ätzend.
Dann trennte er das Wasser von der Erde und dem Himmel, sodass es Wasser auf der Erde gab und welches am Himmel. Alleine das Prinzip, dass Wasser verdampft und sich in Form von Wolken am Himmel sammelt, ist total der Hammer. Durch den Regen kommt es zurück auf die Erde, sodass nichts verloren geht. Ich weiß nicht, wie es dir geht, aber ich liebe so einen warmen Sommerregen total.
Dann trennte Gott das Wasser auf der Erde vom Land, sodass es seitdem beides gibt: trockenes Land und Meere, Seen, Flüsse und Bäche.
Gott musste Ordnung schaffen, und das war auch nötig. Denn der Mensch und viele Tierarten können im Wasser nicht leben.

GOTT WILL DEIN LEBEN PUSHEN

Gott ist ein Gott der Ordnung. Nicht weil er kleinkariert oder spießig ist nach dem Motto: »Ordnung ist das halbe Leben.« Gott will Dinge an den Platz bringen, den sie brauchen und der für sie der richtige ist, um zu wachsen und sich entwickeln zu können.Gott will auch, dass dein Leben wachsen und sich entwickeln kann. Manchmal ist Chaos etwas, in dem du kreativ werden kannst. Meistens aber steht uns Chaos im Weg, weil es uns schwer macht, klar zu sehen oder die richtigen Schritte zu gehen. Manchmal muss Gott Dinge wegschaufeln, damit wieder Platz ist für deinen persönlichen next Step.

THINK ABOUT

→ Wo herrscht gerade Chaos in deinem Leben?
→ Wo wünschst du dir, dass Gott Dinge ordnet, damit du vorwärtskommst?

PRAYER

Gott, du kennst mich ganz genau. Du hast einen guten Plan für mein Leben. Bitte zeig mir, was ich tun kann, um mein Chaos zu ordnen. Hilf mir, den next Step zu gehen, damit ich vorwärtskomme.

HOLY SPIRIT
#DerBesteRatgeber

Geht es dir auch oft so, dass du bei deinem Schreibblock nie weißt, wo du aufgehört hast zu schreiben? Immer musst du erst alle Seiten durchblättern, um die nächste freie Seite zu finden. Mit diesem Life Hack kannst du eine genial einfache, aber effektive Markierung gestalten.

HACK
26

BINDE EINEN FADEN OBEN AN DIE SPIRALE DEINES BLOCKS. LEGE DEN FADEN INNEN IN DEN BLOCK – WIE EIN LESEZEICHEN. JETZT HAT DIE SUCHEREI EIN ENDE.

WIE KRASS IST DAS DENN BITTE?!

So wie der Faden dir hilft, schnell auf der richtigen Seite zu landen, will Gott dir helfen, immer die richtigen Entscheidungen zu treffen und die für dich besten Wege zu gehen.

Wenn du Gott dein ganzes Leben anvertraust und seine Wege für dich gehen möchtest, zieht er quasi bei dir ein. Paulus hat das einmal in seinem Brief an die Church in Korinth so beschrieben: *»Erkennt ihr denn nicht, dass ihr der Tempel Gottes seid und dass der Geist Gottes in euch wohnt?«* (1. Korinther 3,16).

Gottes Geist wohnt von dem Tag an in dir, an dem du ganze Sache mit Gott machst. Vielleicht hört sich das jetzt ein wenig spooky an … Ein Geist, der in dir lebt?! Keine Panik, der Heilige Geist ist Gott. Keine gruselige, nebelartige Gestalt wie in den Horrorfilmen. Der Heilige Geist ist Gottes Geist. Er ist Gott in dir. Der Gott, der Himmel und Erde und dich und mich erschaffen hat, kommt dir durch seinen Geist ganz nah.

Er will Teil deines Lebens sein. Gott wirft dir nicht nur von Weitem ab und zu mal ein paar Brocken hin. Nein, er lebt in dir, er wirkt in dir, er redet zu dir. Gott ist immer da, ganz deep.

DA IST GUTER RAT TEUER ... ODER NICHT?

Der Heilige Geist ist der beste Ratgeber, den du dir für dein Leben wünschen kannst. Viele Menschen wünschen sich jeden Tag, gute Entscheidungen zu treffen. Du wahrscheinlich auch. Aber ob die eigenen Ideen funktionieren, merkst du meistens erst hinterher, wenn es vielleicht sogar zu spät ist. Wie gut, dass du nicht nur auf deine Cleverness und dein Know-how zurückgreifen musst. Jesus sagte einmal: *»Und ich werde den Vater bitten, und er wird euch einen anderen Ratgeber geben, der euch nie verlassen wird. Es ist der Heilige Geist, der in alle Wahrheit führt«* (Johannes 14,16-17).

Du kannst dich ganz an Gottes Cleverness und sein Know-how hängen. Gottes Hilfe und Leitung bekommst du durch seinen Heiligen Geist, der in dir lebt. Er spricht zu deinem Herzen, in deine Gedanken und führt dich. Er zeigt dir, was in Gottes Augen gut und gerecht ist. Er macht dir klar, welche Entscheidungen für dich ganz persönlich die besten sind. Und on top gibt er dir die richtigen Impulse, wie und wo du im Leben von anderen etwas Gutes bewirken kannst.

THINK ABOUT

Hast du schon die Entscheidung getroffen, eine Beziehung mit Gott zu starten? Mit Gottes Hilfe und Weisheit kommst du am besten durchs Leben.

Lade Gott am besten gleich heute noch ein, Teil deines Lebens zu werden, indem er dir seinen genialen Heiligen Geist schenkt. Falls dir die eigenen Worte dafür fehlen, findest du am Ende des Buches ein Gebet, das du zu deinem ganz persönlichen »Ich-mache-ganze-Sache-mit-Jesus«-Gebet machen kannst.

DIG DEEPER

Der Heilige Geist kennt die Zukunft:
Johannes 16,13.

Die verrückte Story, wie der Heilige Geist Philippus geführt hat, einem Fremden Gutes zu tun:
Apostelgeschichte 8,26-40.

HOLY SPIRIT
#POWER

Kennst du das auch? Immer wieder werden deine Scheren stumpf und verlieren ihre Power? Mit dem stumpfen Ding kannst du den Kunstunterricht und alle Blätter, die du noch zurechtschneiden musst, glatt vergessen. So einfach bekommst du deine Schere wieder scharf.

HACK
27

POWER TO THE PEOPLE

SCHNEIDE EIN PAAR MAL IN EIN STÜCK ALUFOLIE. DAS SCHÄRFT DEINE SCHERE UND SIE BEKOMMT IHRE POWER ZURÜCK.

NOT ALONE

Nicht nur deine Schere braucht jede Menge Power.
Wenn es dir geht wie mir, dann weißt du es jeden Morgen neu,
wenn du an all die krassen Sachen denkst, die wieder einmal an-
stehen: Auch du brauchst fett Power, um das alles zu rocken.
Gut, dass du nicht alleine bist. Dein Gott hat ein Ass im Ärmel,
um dich mit Power zu versorgen. In Epheser 3,16 steht:
*»Ich bete, dass er euch aus seinem großen Reichtum die Kraft gibt,
durch seinen Geist innerlich stark zu werden.«*
Der Geist Gottes gibt dir die Power und die innere Stärke,
die du brauchst. Jeden Tag wirst du mit neuen Challenges konfrontiert, die du knacken musst. Wenn du dich schwach oder
alleine fühlst, kann einen das schon mal fertigmachen.
Der Heilige Geist kann dir innere Stärke geben, weil er dein
Powerbooster ist. Das Coole ist: Er ist immer dabei.
Weißt du noch? Er lebt in dir!

GOTTES POWER

Durch den Heiligen Geist kommt nicht irgendeine Kraft in
dein Leben. Es ist die Power direkt von Gott! Und die kann was!
Mit dieser Kraft hat Gott das ganze Universum geschaffen.
Mit dieser Power hat Jesus Kranke geheilt. Paulus schreibt in
Epheser 1,19-20: *»Ich bete, dass ihr erkennen könnt, wie über-
mächtig groß seine Kraft ist, mit der er in uns, die wir an ihn
glauben, wirkt. Es ist dieselbe gewaltige Kraft, die auch Christus
von den Toten auferweckt und ihm den Ehrenplatz an Gottes
rechter Seite im Himmel gegeben hat.«*

Dieselbe Kraft, die Jesus von den Toten auferweckt hat, wirkt in dir, wenn der Heilige Geist in dir lebt. Mit dem Geist Gottes in deinem Leben kannst du Dinge ganz easy tun, die dir ohne Gott schwerfallen würden oder sogar völlig unmöglich sind.
Das ist der Hammer, oder?

GOLD NUGGET

»Durch die mächtige Kraft, die in uns wirkt, kann Gott unendlich viel mehr tun, als wir je bitten oder auch nur hoffen würden.«

Epheser 3,20

THINK ABOUT

→ Wo brauchst du die Kraft Gottes gerade in deinem Leben?

PRAYER

Gott, ich kann es kaum fassen, dass du durch deinen Geist in mir lebst. Ich danke dir, dass deine Power in mir wirkt. Danke, dass du da stark bist, wo ich schwach bin. Danke, dass es nicht auf meine Power ankommt. Gib mir die Kraft, die ich brauche für die Herausforderungen, die gerade in meinem Leben sind. Mach mich innerlich stark, dass ich mutig mit dir vorangehen kann.

HOLY SPIRIT
#PowerNotOnlyForYou

Kennst du Antistressbälle? So kleine, knautschige Teile, die du in der Hand kneten kannst, um Stress abzubauen? Hier ist ein Life Hack, um Antistressbälle ganz stressfrei selber zu machen.

HACK 28

NIMM DAFÜR EINEN LUFTBALLON, FÜLLE IHN MIT ZAHNPASTA UND KNOTE IHN ZU.

UM IHN NOCH ETWAS AUFZUPIMPEN, KANNST DU EINEN ZWEITEN LUFTBALLON IN EINER ANDEREN FARBE NEHMEN. SCHNEIDE DAS ENDE AB, SODASS DU EINE BREITE ÖFFNUNG HAST.

STÜLPE DEN LUFTBALLON ÜBER DEN BALL. SCHNEIDE NOCH EIN
BIS ZWEI WEITERE LÖCHER VORSICHTIG IN DEN ZWEITEN
LUFTBALLON UND FERTIG IST DEIN HOME-MADE STRESSWEGBALL.

JESUS FREAK

Es gibt so viele Dinge, die einen stressen können. Manchmal auch,
sich als Christ zu outen. Viele interessieren sich null für Jesus.
Andere ziehen es immer gleich ins Lächerliche und du bist
der Mops. Die meisten können es halt nicht glauben, dass es
einen Gott gibt, der lebendig ist und sie liebt. Der einen Plan für
ihr Leben hat und die Power, was in ihrem Leben zu reißen.
Wie soll man ihnen nur beweisen, dass man kein Freak ist und
Jesus real ist? Du kannst ihn ja nicht mal eben aus der
Hosentasche holen und ihnen vorstellen. Total schwierig, etwas
zu erklären oder zu beweisen, was man selber erleben muss.

KEIN STRESS!

Jesus will nicht, dass du dich stresst! Er weiß, dass du Glauben
bei anderen nicht einfach so machen kannst.

Jesus gab seinen Jüngern einen Job. Sie sollten den Menschen von ihm erzählen. Damit andere auch die Chance hätten, ihn kennenzulernen und ein Leben mit ihm zu starten.
Aber bevor er sie in die Mission (Im-)Possible schickte, machte er ihnen eine Ansage: »Wartet noch!«

HELP IS ON THE WAY

Warum hat er sie warten lassen? Er wusste, dass sie Hilfe brauchen. Help straight from heaven. Jesus sagte:
»Aber wenn der Heilige Geist über euch gekommen ist, werdet ihr seine Kraft empfangen. Dann werdet ihr den Menschen auf der ganzen Welt von mir erzählen …« (Apostelgeschichte 1,8).
Weder die Jünger noch du oder ich können Menschen beweisen, dass Jesus real ist. Aber Jesus kann sich den Menschen zeigen. Sie müssen ihn live und vor allem selber erleben. Der Heilige Geist kann das bewirken. Er hat die Kraft und das Wissen über die Menschen, um ihnen so zu begegnen, wie sie es persönlich brauchen.
Meistens tut er das durch seine Leute. Also auch durch dich. Wenn du für Menschen betest, ist es die Kraft des Heiligen Geistes, die Menschen tröstet, heilt oder tut, was immer für sie dran ist. Das kannst du gar nicht bewirken.
Du bist nur ein Mensch. Aber die Power von Jesus kann es rocken
Darum sollen wir um die Kraft des Heiligen Geistes bitten, wenn wir in der Mission – für uns Impossible – unterwegs sind. Durch seine Power wird die Mission possible und Menschen können Jesus erleben und eine Beziehung mit ihm starten.

CHALLENGE

Hast du Jesus schon mal gebeten, dich mit der Kraft des Heiligen Geistes zu beschenken, damit andere Jesus live erleben? Racker dich nicht selber ab, lass die Power von Jesus ran. Am besten, du bittest gleich jetzt um den Powerboost straight from heaven.

GOLD NUGGET

»Wenn aber selbst ihr sündigen Menschen wisst, wie ihr euren Kindern Gutes tun könnt, wie viel eher wird euer Vater im Himmel denen, die ihn bitten, den Heiligen Geist schenken.«

Lukas 11,13

PRAYER

Jesus, ich danke dir, dass du so gerne gibst. Bitte schenk mir die Kraft deines Heiligen Geistes. Befähige du mich, Menschen von dir zu erzählen. Gib mir Kraft, Mut und deine Leitung, wenn ich mit Leuten über dich rede. Berühre du ihr Herz und nimm meine Worte und meine Gebete und tu damit ein Wunder in ihrem Leben.

GOLD NUGGET

»Gepriesen sei Gott, der Vater von Jesus Christus, unserem Herrn. Er ist der Ursprung aller Barmherzigkeit und der Gott, der uns tröstet. In allen Schwierigkeiten tröstet er uns, damit wir andere trösten können. Wenn andere Menschen in Schwierigkeiten geraten, können wir ihnen den gleichen Trost spenden, wie Gott ihn uns geschenkt hat.«

2. Korinther 1,3-4

CHALLENGE

Brauchst du gerade Trost, neuen Mut oder Hoffnung? Sich Soaps reinziehen, Chips futtern oder die volle Dröhnung der bestenMusik bringen dir nur kurz ein wenig Besserung. Dock dich an die Quelle für Trost und neuen Mut an. Gott lebt durch seinen Heiligen Geist in dir und kann dein Herz da berühren. Nimm dir Zeit für ihn. Schütte ihm dein Herz aus. Gib ihm die Gelegenheit, dir echten Trost und neuen Mut zu schenken.

DRÜCKE DEIN HANDY MIT DEM
DISPLAY NACH OBEN LANGSAM GEGEN
EINEN AUFGEBLASENEN LUFTBALLON UND
LASSE DABEI VORSICHTIG DIE LUFT RAUS.
DER LUFTBALLON LEGT SICH AM ENDE WIE
EINE HÜLLE UM DEIN HANDY.

NICE
OUTFIT ;-)

DANN MUSST DU NUR NOCH DIE
RÄNDER SO ZURECHTSCHIEBEN, DASS
DEIN DISPLAY NICHT VERDECKT IST,
UND DIE BALLONÖFFNUNG UNTER
DIE HÜLLE SCHIEBEN. JETZT HAST
DU DEN PERFEKTEN SCHUTZ FÜR
DEIN HANDY.

PROTECT

Alles, was uns wichtig ist, wollen wir beschützen: Unser Handy, ohne das wir uns kein Leben mehr vorstellen können.

Die neue Xbox, für die wir gefühlt hundert Stunden geackert haben, um die nötige Kohle zusammenzubekommen.

Oder die coolen Sneakers, die wir uns so lange gewünscht haben. Sind dir manche Sachen auch so wichtig, dass du gerne Zeit, Geld und Energie reinsteckst, um sie zu schützen, sie noch schöner oder besser zu machen? Du steckst in manche Dinge viel mehr Investment rein als in andere, weil dein Fokus voll darauf liegt. Das sind bei einem Musiker ganz andere Sachen als bei einem Sportler. Die Dinge, für die dein Herz schlägt, sind immer in deinem Blick, in deinem Herzen und in deinen Gedanken.

DEIN INVESTMENT

In was steckst du eine Menge Investment? Es lohnt sich total, darüber nachzudenken, denn die Zeit, die du in die einen Dinge investierst, fehlen dir an anderer Stelle.

Bei aller Liebe zu Handys, Games oder wofür auch immer dein Herz schlägt – das wirklich wichtige Investment ist das Investment in deine Beziehungen. Zum Beispiel die Beziehung zu deinen wahren Freunden, nicht die auf Snapchat, Instagram & Co., sondern die im real Life. Oder die Beziehung zu deinen Eltern und deinen Geschwistern.

In den richtig miesen Zeiten ist es total wichtig, gute Freunde an seiner Seite zu haben und Eltern und Geschwister, zu denen man einen guten Draht und Vertrauen hat.

Wenn du in die Beziehungen zu den richtigen Leuten investierst, ist das auf jeden Fall ein Gewinn in den schlechten *und* in den guten Zeiten.

Aber auch deine Beziehung zu Gott ist ein Investment, das sich wirklich lohnt. Gott möchte dir ein Leben schenken, das gekennzeichnet ist von einer lebendigen Beziehung zu ihm. Gott will nah an deinem Leben dran sein. Er liebt dich und interessiert sich für dich!
Wenn du in die Freundschaft mit Gott investierst, ist das ein Investment, das sich wirklich lohnt. Mit Gott an deiner Seite ist nichts unmöglich, auf ihn kannst du zu hundert Prozent bauen. Er will dein Leben beschenken und nach vorne bringen. Er ist nicht nur in den guten Zeiten da – wenn es hart auf hart kommt, macht er nicht den Abgang. Gott steht immer zu dir! Es gibt viele Beziehungen, in die es sich lohnt zu investieren. Die Beziehung zu Gott steht ganz oben auf der Liste.

THINK ABOUT

→ Worin investierst du Zeit, Geld, Gedanken und Energie?
→ Gibt es wichtige Dinge, die dabei auf der Strecke bleiben?
→ Was investierst du in die Beziehungen zu den Leuten, denen du wirklich wichtig bist?
→ Was investierst du in deine Beziehung zu Gott?

CHALLENGE

Schreibe eine Liste mit Dingen, die dir helfen, deine Freundschaft mit Gott zu stärken, zum Beispiel mit Gott reden, in der Bibel lesen, mit anderen Christen quatschen oder regelmäßig in den Teenkreis deiner Church gehen.

Nimm diese Liste regelmäßig zur Hand und prüfe, wo du mal wieder nachlegen könntest, um dich mit Gott nicht auseinanderzuleben.

NOT PERFECT, BUT CALLED

Kennst du das auch? Deine Handykopfhörer sind ständig verschwunden, und wenn du sie endlich findest, sind sie total verheddert. Das kann ganz schön nerven! Damit du sie immer gleich am Start hast, zeichne mit einem Lineal vier Linien von innen auf die Rückseite deiner Handyhülle. Schneide die Linien dann mit einem Cutter ein. Jetzt kannst du deine Kopfhörer durch die Schnitte ziehen. Ab jetzt sind sie immer an Ort und Stelle.

HACK
31

CLOSE

Manchmal macht es Sinn, immer nah dran zu sein.
Die Handykopfhörer am Handy, die Fahrkarte im Schul-
rucksack, die Fernbedienung direkt beim Sofa.
Jesus will auch nah dran sein – an uns.
Als Jesus vor zweitausend Jahren angefangen hat, durch Israel
zu reisen, war er nicht alleine unterwegs. Als Erstes suchte er
sich eine Crew. Leute, die gemeinsam mit ihm am Start waren,
als es darum ging, Menschen von Gott zu erzählen.
Ihnen zu erklären, was es bedeutet, mit Gott eine Beziehung
zu haben, die on fire ist. Menschen Hoffnung zu geben,
sie zu heilen und sie von dem zu befreien, was ihrer Freundschaft
mit Gott und seinen Plänen für ihr Leben im Weg steht.

NOT PERFECT ...

Jesus war nur drei Jahre voll aktiv in dieser Mission unterwegs,
aber er wollte das nicht alleine durchziehen. Er suchte sich
zwölf Typen aus. Und jeder von denen war auf seine Art schräg,
anstrengend und für Jesus ein Fulltime-Job. Sie brachten
Jesus ziemlich oft Stress ein. Petrus redete meistens schneller,
als er dachte. Anstatt mit Jesus zu beten, pennten sie
einfach weg, und Judas verriet ihn sogar am Ende für eine
Handvoll Kohle.
Wieso um alles in der Welt suchte sich Jesus solche
»Nullchecker« aus? Einfache Fischer, Typen, die nicht sehr
gebildet, nicht berühmt oder große Nummern aus der High So-
ciety waren. Warum nicht clevere Theologen oder Leute,

die schon was Krasses in ihrem Leben erreicht hatten?
Kann es sein, dass Jesus andere Sachen wichtiger sind als
Karriere, gute Noten oder ein fettes Bankkonto? Right!
Auf was Jesus wirklich schaut, ist das Herz. Äußerlichkeiten
können ihn gar nicht beeindrucken.
Aber wie du zu ihm stehst, schon. Als er sich seine Crew so
anschaute, wusste er: »Die sind mit dem Herzen dabei.
Sie werden mit totaler Hingabe mit mir unterwegs sein.«

... BUT CALLED

Jesus sucht Leute, die ihr Herz für ihn ganz weit aufmachen.
Du musst nicht perfekt sein, aber dich von Jesus rufen lassen:
»Not perfect, but called.«

Seine zwölf Jünger waren nicht perfekt, aber sie waren
nah an Jesus dran, gemeinsam mit ihm Tag und Nacht unterwegs.
Sie lebten mit ihm, packten mit an und lernten von ihm.
Sie trugen ihren Part dazu bei, dass Menschen ihren ganz persönlichen Jesus-Moment hatten. Sie waren nicht perfekt,
aber sie ließen sich von Jesus rufen, gemeinsam mit ihm diese
Welt zu verändern.

Jesus will auch mit dir unterwegs sein.
Er liebt dich so, wie du bist, egal ob andere dich für einen
totalen Chaoten oder Freak halten. Er schaut alleine auf dein
Herz und fragt dich: »Bist du bereit, dich auf mein
Abenteuer einzulassen? Willst du mit mir unterwegs sein?«

CHALLENGE

Mach es wie Jesus und sei nicht alleine unterwegs. Such dir eine Crew, die auch mit Jesus unterwegs ist.

Frag heute noch Leute, ob sie dir bei diesem Abenteuer helfen. Vielleicht Leute aus deiner Church, deinen Jugendleiter oder Freunde, deren Herz auch Jesus gehört.

Bitte die Leute, für dich zu beten. Lest zusammen in der Bibel und fragt einander, wie es euch in diesem Abenteuer mit Jesus geht.

PRAYER

Danke, Jesus, dass du mich als deinen Freund und Mitstreiter haben willst. Hilf mir, Leute zu finden, die mir helfen, meine Beziehung zu dir zu leben. Gib mir die Power, sie heute noch zu fragen.

SHIT HAPPENS

Lässt du auch immer wieder wichtige Sachen zu Hause liegen? Deine Fahrkarte, dein Geld oder den Hausschlüssel? Lege die Sachen einfach unter dein Handy. Das vergisst du sicher nie und so siehst du auch, was sonst noch so mit muss.

HACK
32

#ALLDAY

Im Zimmer meiner Freundin hing früher ein mega Plakat mit der Aufschrift: »Shit happens all day!«
Wenn du morgens aufstehst, weißt du nicht, wie dein Tag laufen wird. Ob du wichtige Sachen zu Hause liegen lässt und dir das so richtigen Trouble einbringt. Ob du krasse News wegstecken musst. Was die Leute um dich herum so alles anstellen werden und ob du was davon abkriegst. Du hast morgens noch keinen Schimmer, mit welcher Laune du abends ins Bett gehen wirst.

Du kannst es nicht wirklich verhindern: »Shit happens all day.«
Wenn einer davon ein Lied singen kann, dann Josef.
Er lebte ca. 1700 v. Chr. und der Shit, der ihm passierte, war
echt krass. Zuerst verkauften ihn seine Brüder als Sklave nach
Ägypten. Eigentlich wollten sie ihn killen, aber einer hatte
dann doch sein Gewissen entdeckt und ihn »nur« in ein völlig
fremdes Land abgeschoben. Dort landete Josef dann unschuldig
im Gefängnis. Einfach nur, weil er sich geweigert hatte,
was mit der Frau seines Chefs anzufangen. Sie nahm das sehr
persönlich und zahlte es ihm dann heim. Nachdem sie
behauptet hatte, er wolle ihr an die Wäsche, kam er in den Knast.
Das war der absolute Tiefpunkt. Was für ein Shit!

UND JETZT???

Vielleicht fragst du dich das auch manchmal. Und jetzt?
Was soll ich mit dem ganzen Trouble machen?
Wie soll es weitergehen? Die good News sind: Es gibt nicht nur
Trouble und Shit in dieser Welt. Nicht nur Menschen und Situa-
tionen, die dich immer wieder fertigmachen. Gott ist auch noch
da! Er kann aus Shit Gold machen.
Josef erlebte, dass Gott was Geniales aus seiner Situation
machte. Gott nutzte diese krasse Situation, in die andere Menschen ihn gebracht hatten, und machte daraus Gold für Josef.
Er benutzte den Knast, um Josef zum zweitmächtigsten
Mann Ägyptens zu machen. Und das kam so:
Ein Typ, der auch im Knast saß, erlebte live mit, dass Josef
mit Gott unterwegs war und er mit Gottes Hilfe Träume
deuten konnte. Das erzählte er dem Pharao, als er wieder
frei war.

Der suchte nämlich dringend jemanden mit dieser Gabe. Gott führte alles so, dass Josef schließlich dem Pharao helfen konnte und der ziemlich dankbar war. So wurde er vom Knasti zum Mitherrscher über Ägypten. Der Knast konnte Gott nicht davon abhalten, Josefs Leben nach vorne zu bringen.

DEIN SHIT

Gott wird auch die Steine benutzen, die dir zwischen die Füße geworfen werden, um seinen Weg mit dir zu gehen.
Wenn Menschen versuchen, dein Leben kaputtzumachen, wird Gott diese Situation nehmen und sie muss dazu beitragen, dass es zu deinem Besten mitwirkt. Wenn Ereignisse in dein Leben knallen, an denen du zu knabbern hast, kann Gott sie benutzen, dass sie dich weiterbringen.
Was auch immer in deinem Leben passiert, es ist nicht mächtig genug, dass Gott es nicht für seine Ziele in deinem Leben benutzen könnte. Ohne Gott bleibt Shit einfach Shit. Aber mit ihm kann auch aus deinem Shit Gold für dich werden.

GOLD NUGGET

»Und wir wissen, dass für die, die Gott lieben und nach seinem Willen zu ihm gehören, alles zum Guten führt.«

Römer 8,28

CHALLENGE

Welcher Shit ist gerade in dein Leben geknallt? Du kannst Gott alles sagen und ganz ehrlich mit ihm sein. Bitte Gott am besten jetzt gleich, dass er den Shit nimmt und macht, dass es zu deinem Besten beitragen muss.

DIG DEEPER

Die Story von Josef:
1. Mose 37–45.

WERTSCHÄTZUNG

Du musst Wechselkleidung mitnehmen, zum Beispiel auf einen Schulausflug, hast aber nur einen Rucksack, um alles zu verstauen?

HACK
33

LEGE ALLE KLEIDER ORDENTLICH AUF EINEN STAPEL. FALTE T-SHIRT ÄRMEL UND ALLES, WAS STARK ABSTEHT, ORDENTLICH NACH INNEN. LEGE ZUM SCHLUSS ZWEI SOCKEN AUF DEINEN KLAMOTTENSTAPEL.

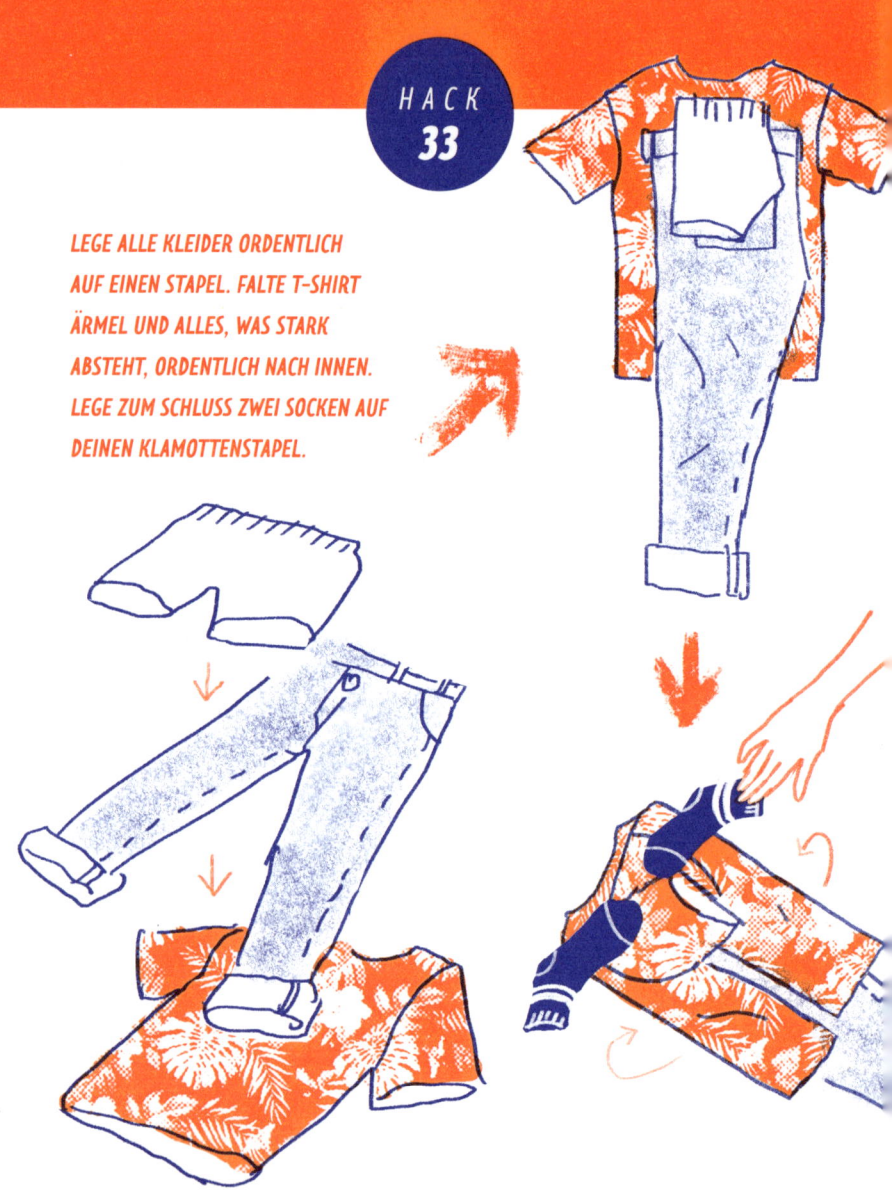

NOT SO EASY!

Frische Klamotten weißt du erst dann wirklich zu schätzen,
wenn du mit deinen Freunden oder dem Teenkreis deiner Church
im Freizeitpark bist und beim Rafting die volle Wasserdröhnung
abbekommen hast. Oder du beim Zelten die Ravioli über
deine Hose kippst und total happy bist, noch eine zweite Hose
im Gepäck zu haben.

Die meisten Sachen weiß man erst zu schätzen, wenn man sie mit
anderen Augen sieht. So geht es uns auch bei Leuten
um uns herum. Mal ehrlich, da gibt es schon so ein paar Kandida-
ten, die machen es einem nicht leicht:
Der Lehrer, der vielleicht ganz fair benotet, aber ein totaler
Langweiler ist.

DIE SOLLEN JETZT ZUR HÄLFTE ÜBERSTEHEN, BEIDE MIT DER OFFENEN SEITE NACH
AUSSEN. JETZT KANNST DU DEN GANZEN STAPEL EINROLLEN UND DIE KLAMOTTEN-
ROLLE AUF BEIDEN SEITEN MIT DEN OFFENEN SOCKENENDEN ÜBERZIEHEN. SO TRANS-
PORTIERST DU DEINE KLAMOTTEN, OHNE VIEL PLATZ ZU VERSCHWENDEN.

Deine Geschwister, die zwar immer am Start sind, wenn man sich gegen die Eltern zusammenschließt, um längere Ausgehzeiten rauszuholen, die sonst aber total nerven.

Oder der Kassierer im Supermarkt, der immer super freundlich ist, aber beim Wechselgeld gefühlt jedes Mal bescheißt. Menschen liefern uns immer Gründe dafür, sie nicht zu mögen. Es gibt aber auch einen Grund, die Leute um uns herum wertzuschätzen:

»Denn Gott hat die Welt so sehr geliebt, dass er seinen einzigen Sohn hingab, damit jeder, der an ihn glaubt, nicht verloren geht, sondern das ewige Leben hat.«

Johannes 3,16

ON FIRE

Gott ist on fire für diese Welt. Und damit ist nicht das gemeint, was hier so alles passiert, also was wir Menschen tun. Gott findet es gar nicht nice, wenn wir andere ums Wechselgeld bescheißen, lügen oder unfair sind.

Mit »die Welt« sind wir Menschen gemeint. Gott liebt uns, obwohl wir so viele Fails hinlegen. Wir sind eine richtige Herzensangelegenheit für ihn. Er hat sich uns ausgedacht und uns mit ganz viel Liebe zum Detail kreiert. In der Bibel wird das so beschrieben:

>>Ich bin überzeugt: Nichts kann uns von seiner Liebe trennen. Weder Tod noch Leben, weder Engel noch Mächte, weder unsere Ängste in der Gegenwart noch unsere Sorgen um die Zukunft, ja nicht einmal die Mächte der Hölle können uns von der Liebe Gottes trennen.<<

Römer 8,38

Das ist der absolute Hammer! Nichts, was du je getan hast oder was du jemals tun wirst, ändert etwas daran, dass Gottes Herz für dich brennt. Gott ist für dich.

Er ist aber auch für deinen langweiligen Lehrer, für deine nervigen Geschwister und für den Kassierer, der dich immer wieder um ein paar Cent erleichtert.

Du hast sicher viele gute Gründe dafür, warum es für manche Leute keinen Daumen nach oben gibt. Aber der Grund, diese Leute trotzdem mit Respekt und Wertschätzung zu behandeln, ist Gott. Sein Herz brennt dafür, dass uns Menschen wichtig sind, weil sie ihm wichtig sind.

CHALLENGE

Bei welchen Leuten fällt es dir besonders schwer, sie wertzuschätzen? Du kannst beten, dass Gott dir Liebe für sie schenkt, auch wenn sie nicht alles richtig machen.

Die meisten Leute verhalten sich mies, weil ihnen Liebe und Anerkennung fehlen. Versuch doch mal ein Experiment: Mach ihnen ein Kompliment oder schenk ihnen Schokolade mit ein paar netten Worten. Und du wirst feststellen, dass Wertschätzung die ganze Atmosphäre verändert.

DON'T <u>BE</u> SEPARATED

Kennst du das auch? Du schmeißt eine Party, aber nach einer halben Stunde weiß schon niemand mehr, wem welches Glas gehört? So kannst du den Streit ums richtige Glas verhindern.

BESORGE HAUSHALTSGUMMIS IN VERSCHIEDENEN FARBEN. JEDER KANN NUN SEIN GLAS MIT DER FARBE SEINER WAHL MARKIEREN, INDEM ER ODER SIE DAS FARBIGE HAUS-HALTSGUMMI UM DAS EIGENE GLAS SPANNT. ET VOILÀ, DER FRIEDE IST GESICHERT.

KILLER

In jeder Beziehung gibt es Dinge, die euch noch enger zusammenschweißen können: zum Beispiel oft miteinander abhängen, gemeinsam coole Sachen machen oder sich seine Geheimnisse anvertrauen.

Es gibt aber auch Dinge, die krasse Beziehungskiller sind. Wenn einem vom besten Kumpel auf einer Party schon zum dritten Mal das Glas weggenommen wurde, kann einen das ganz schön nerven.

Oder wenn man angelogen wird und das Vertrauen dadurch futsch ist. Wenn andere Freunde wichtiger sind und man sich irgendwie abgeschoben fühlt, ist das auch nicht wirklich nice. Oft geht das schneller, als man denkt. Heute noch Bros and Sis fürs Leben und morgen schon dicke Luft. Kennst du solche Beziehungskiller?

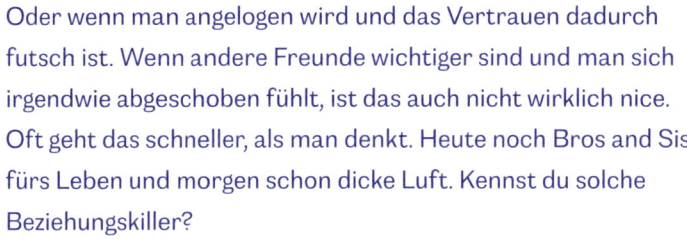

FEEL THE DIFFERENCE

Auch in der Beziehung zu Gott gibt es echte Beziehungskiller. Dabei ist diese Freundschaft mit Gott das Beste, was dir passieren kann. Denn durch diese Freundschaft mit ihm kommt alles in dein Leben, was du wirklich brauchst. Gott möchte dich beschenken.
Durch die Zeit, die du mit ihm verbringst, kommt seine Liebe in dein Leben, seine Power und echte Happiness.
Er hat einen genialen Plan, extra auf dich zugeschnitten. Er will diese deepe Herz-an-Herz-Beziehung zu dir, die einen echten Unterschied in deinem Leben macht.

KEIN SELBSTLÄUFER

Gott hat keine Lust, sich von uns zu entfernen. Wenn es nach ihm ginge, wären wir immer ganz nah bei ihm und seinem Heartbeat für unser Leben. Meistens sind *wir* diejenigen, die sich immer wieder von Gott entfernen.
Kennst du das auch? Manchmal stürmen Sachen auf dich ein, manchmal schleichen sich Dinge ein, die das Potenzial haben,

dich von Gott wegzuziehen: zum Beispiel Leute, mit denen du unterwegs bist, die so gar nicht verstehen können, warum du mit Gott abhängst. Oder so richtig krasse Zeitfresser wie Instagram oder Youtube. Da bleibt oft kaum mehr Zeit übrig, um die Freundschaft mit Gott zu pflegen. Manchmal schleichen sich auch Sachen ein, die dich auf eine ganz andere Spur bringen als die, die Gott sich für dich wünscht. Du kannst Entscheidungen für dein Leben treffen, die voll an dem vorbeischießen, was Gott für dich will.

Lass nicht zu, dass irgendwas oder irgendwer dich von Gott und seinen hammer Plänen für dein Leben wegzieht. Verpass nicht, was er Geniales für dich und dein Leben vorbereitet hat.

THINK ABOUT

→ Welche Killer in deiner Freundschaft zu Gott haben sich in deinem Leben breitgemacht? Was kannst du tun, um Gott und seinem Heartbeat für dein Leben wieder näher zu kommen?

PRAYER

Gott, du kennst mich. Du weißt sogar besser als ich selbst, wo ich gerade Dingen oder Menschen Raum gebe, die mich von dir wegziehen. Bitte gib mir die Power, alles aus meinem Leben zu kicken, was mich von deinem Heartbeat für mich trennt. Ich will entdecken und erleben, was du für mich bereithältst. Danke, dass du einen guten Plan für mein Leben hast.

SEI, WER DU BIST

Zermarterst du dir auch immer das Hirn, wo du im Freibad deine Wertsachen verstecken kannst?

NEVER LOSE yourself

DECKEL

NIMM EINFACH EINE SHAMPOOFLASCHE MIT EINEM BREITEN, ABNEHMBAREN DECKEL. WASCHE SIE AUS UND TROCKNE SIE. JETZT MUSST DU DEN DECKEL ABNEHMEN UND IN DER MITTE DER ÖFFNUNG DER LÄNGE NACH EINEN CUT MACHEN. SCHNEIDE MIT EINER SCHERE DIE HÄLFTE DER ÖFFNUNG WEG. JETZT KANNST DU GELD, HANDY UND SCHLÜSSEL IN DIE SHAMPOOFLASCHE STECKEN. DECKEL DRAUF UND KEINER AHNT, DASS DAS DEIN PERSÖNLICHER SAFE IST.

SCHUBLADE AUF ...

Bei manchen Dingen ist es genial, wenn man sie in eine
Flasche, Box oder Schublade packen kann.
Bei Menschen ist das nicht so nice.
Ein Kumpel hat mir erzählt, dass es ihn total nervt, wenn Leute
ihn sofort in eine Schublade stecken. Er ist nicht so der
schüchterne Typ und Leute zu connecten macht ihm keinen
Stress. Aber Sprüche wie »Du bist bestimmt total dominant«
findet er voll daneben. Die kennen ihn gar nicht wirklich,
aber packen ihn sofort in eine Schublade.
Kennst du das auch, dass Menschen dich einfach so in eine
Schublade stecken? Da hast du mal einen miesen Tag und bist
sofort eine Zicke. Du sparst krass lang auf dein neues Smartphone und zeigst es gefühlt jedem mit einem Dauergrinsen,
weil du einfach happy bist. Schon bist du der Prolet, der Angeber
oder einfach der, der voll aufs Materielle abgeht.
Ständig beurteilen uns Leute und sagen uns, wer wir sind oder
wie wir sind. Sie denken, sie wüssten, was wir können und was
nicht.

David, der vor ca. dreitausend Jahren gelebt hat und von dem
die Bibel uns erzählt, wurde auch in Schubladen gesteckt.
Für seine älteren Brüder war er nur der, der ihnen das Essen
brachte, wenn sie mal wieder für den König als Soldaten
kämpften. Für seinen Dad war er das Nesthäkchen, das brav die
Schafe hütete. Aber für Gott war David viel mehr!

GOTTES BLICK

Für Gott bist du mehr als das, was Menschen in dir sehen,
und so viel mehr als deine Leistung oder deine Fails.
Du bist sein Geschöpf. Vom Master of all Masters mit so viel
Liebe zum Detail gemacht! Sein Herz ist on fire für dich. Du
brauchst nichts zu leisten, keine Erwartungen zu erfüllen. Gott
liebt dich ohne Bedingungen, bedingungslos. Du bist gewollt,
genial geschaffen und berufen! Er ruft dich, das Leben zu leben,
das er für dich bereithält.
Nicht Menschen definieren, wer du bist und was bei dir geht,
sondern Gott. Sei, wer du in den Augen Gottes bist!

AUF WELCHE STIMME HÖRST DU?

David hat sich nicht von dem definieren lassen, was seine Familie
über ihn dachte. Da, wo der Blick von Menschen auf ihn
ganz klein war, hat Gott Großes in ihm gesehen. David war offen
für Gottes Perspektive auf sein Leben. Und Gott sah in ihm
den nächsten König von Israel. Krass, oder?
David hat Gottes Stimme ganz laut aufgedreht und die Stimmen
von allen anderen, die dachten, dass diese Königssache ein
Witz sein musste, leise gedreht. Er hat Gott erlaubt, sein Leben
nach vorne zu bringen. David ist ausgebrochen aus der Schublade, in die Menschen ihn gesteckt haben, und hat sich
von Gott rufen lassen. Jeder hat ein Bild von dir und eine Meinung zu dir. Gott auch! Auf welche Stimme hörst du?

THINK ABOUT

→ Wo haben Menschen oder du selbst dich in eine Schublade gesteckt?

CHALLENGE

Willst du wissen, wie Gott dich sieht und was in seinen Augen alles noch in deinem Leben geht? Bete, dass er zu dir spricht und dein Herz mit seinen guten Gedanken über dich und dein Leben füllt. Fang am besten gleich an!

DIG DEEPER

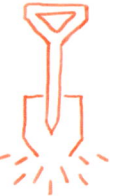

David, vom Hirten zum König:
1. Samuel 16,1-13.

KEEP IT CLEAN

Um deine Tastatur zu reinigen, nimm mehrere Post-its und klebe die Klebestreifen auf die Tasten und in die Tastenzwischenräume. Ziehe sie danach wieder ab und Staub und Fettabdrücke bleiben daran hängen.

HACK
36

Wer braucht da noch duschen?!

ÄTZEND!

Putzen ist langweilig und ätzend! Eine staubige und
verklebte Tastatur aber auch. Mit Wasser da ranzugehen,
ist keine so gute Idee, da Wasser und Elektronik nicht
gerade best Friends sind.
Mit diesem Hack kannst du ohne Risiko den meisten Schmutz
beseitigen. Es geht schnell und ist voll easy. Danach kannst
du wieder mit einer klebefreien Tastatur an den Start gehen.

DRECK IM LEBEN

Genauso wie Dreck und Staub auf einer Tastatur unangenehm
sind und ihr auf Dauer nicht guttun, sammeln sich auch in
unserem Leben immer wieder Dinge an, die für uns unangenehm
sind und uns absolut nicht guttun.
Vielleicht kennst du auch diesen Gedanken: »Eine kleine Notlüge
tut ja keinem weh, hilft mir aber ungemein!« Auf diese erste
kleine Notlüge folgt eine zweite, damit die erste nicht auffliegt.
Bevor du richtig schaltest, bist du in einem Netz aus
Unwahrheiten gefangen. Wenn das rauskommt, zerstört das
Vertrauen und für dich ist es auch ganz schön stressig, dich nicht
zu verplappern.

In Philipper 2, Vers 15 schreibt Paulus an die Church in Philippi:
*»Als Kinder Gottes sollt ihr ein reines, vorbildliches Leben
führen in einer dunklen Welt voller verdorbener und verirrter
Menschen, unter denen euer Leben wie ein helles Licht leuchtet.«*

Wow, da ging wohl ganz schön was schief in der Church, dass Paulus so klare Kante zeigte. Die hatten dort richtig Stress untereinander. Jeder war nur auf seinen eigenen Vorteil aus, und das wirkte sich voll auf die Atmosphäre aus.

Es gab Streit und Vertrauen ging verloren.

Auch wenn es spießig klingt: Gott ist wichtig, dass wir ein korrektes Leben führen, vor ihm und unseren Mitmenschen.

Alles andere schadet uns auf Dauer nur.

DER DRECK MUSS WEG

Nicht nur unsere Tastatur braucht ab und an ein Cleaning, auch wir haben öfter mal eine Grundreinigung nötig.

Wir bauen Mist und der steht zwischen uns und unseren Leuten und auch zwischen uns und Gott.

Wir haben es jeden Tag nötig, dass Gott Ordnung in unser Leben bringt und sein Post-it bei uns ansetzt. Er kann uns zeigen, was uns gerade selber schadet und wo wir anderen geschadet haben. Und es ist gut, dass Gott seinen Finger da drauflegt, weil wir auf diesem Auge meistens blind sind. Wenn Gott uns mit der Nase da drauf stößt, dann nicht, um uns fertigzumachen, sondern weil er das große Post-it schon in der Hand hält und uns helfen möchte, den Dreck rauszukicken.

Gottes Ziel für dich ist nie, dich bloßzustellen oder dir das Gefühl zu geben, du hättest es verbockt, sondern er will dir immer helfen und dein Leben nach vorne bringen.

Gott ist für dich! Gott vergibt! Gott hilft!

GOLD NUGGET

»Doch wenn wir ihm unsere Sünden bekennen, ist er treu und gerecht, dass er uns vergibt und uns von allem Bösen reinigt.«

1. Johannes 1,9

Es gibt nichts, was Gott nicht vergeben kann und will. Egal, was dir unter den Nägeln brennt, nichts ist zu schlimm, zu gemein, zu groß. Gott kann und will dir vergeben. Wenn du Gott die Chance gibst, kann er jeden Dreck aus deinem Leben kicken!

CHALLENGE

Wo läuft es gerade bei dir nicht rund? Welcher »Dreck« hat sich in deinem Leben angesammelt? Nutze jeden Tag die Chance, Gott den Mist deines Lebens hinzulegen. Fang am besten heute an!

DON'T WASTE
ANYTHING

Deine Lieblings-Nussnougatcreme ist mal wieder viel zu schnell leer gegangen? So kannst du auch die letzten Reste noch genießen und musst nichts verschwenden.

HACK
37

GIESSE WARME MILCH IN DAS GLAS, DECKEL DRAUF UND GUT SCHÜTTELN. RAUS KOMMT EINE LECKERE HEISSE SCHOKOLADE. GUTEN APPETIT!

TALENTE, BEGABUNGEN UND CO.

In unserem Every-day-Life verschwenden wir viel zu oft viel zu viel. Auch unsere Talente und Begabungen bleiben leider viel zu oft ungenutzt und verstauben auf der Couch.

Dabei hat Gott jeden Einzelnen »be-Gabt«, auch dich! Es gibt Dinge, die du gut kannst. Vielleicht sogar nur du so kannst. Gott will, dass wir nichts von dem, was er uns geschenkt hat, verschwenden.

Wir sollen uns mit unseren Talenten und Begabungen gegenseitig bereichern, uns helfen und die Welt dadurch ein Stück besser machen. Ich find's genial, dass es Leute gibt, die eine tolle Stimme haben oder das Talent zum Gitarre-, Bass- oder Schlagzeugspielen. Dadurch habe ich in der Church einen hammer Worship. Das hilft mir, mich auf Gott zu fokussieren, ihn anzubeten und ihm näher zu kommen.

Ich feier das total, wenn Leute mal eben eine coole Raumdeko aus dem Ärmel schütteln. Wenn ein kalter, hässlicher Raum ein Partyupdate bekommt und ich mich sofort zu Hause fühle.

Gott hat jeden begabt. Auch wenn du nicht musikalisch bist, Deko nicht dein Ding ist oder du nicht sonderlich gut organisiert bist – es gibt Dinge, die du gut kannst!

GO FOR IT!

In Matthäus 25 ab Vers 14 steht eine Story, die Jesus erzählt hat.
Ein Mann vertraute seinen drei Dienern Geld an. Ihr Job war es,
die Kohle, bis er zurückkäme, gut einzusetzen und rauszuholen,
was geht. Als der Mann wieder da war, hatten zwei ihr Geld ver-
doppelt. Sie hatten gut damit gearbeitet. Der dritte hatte
die Kohle leider nur vergraben und nichts damit gemacht außer
abzuwarten, bis sein Chef wiederkommt. Du kannst dir
wahrscheinlich denken, dass der Chef von der Aktion des dritten
Typen nicht gerade begeistert war.

Wenn Gott uns etwas anvertraut, dann, damit wir was draus
machen. Gott hat dir Talente und Stärken geschenkt, damit du
sie einsetzt. Er will gemeinsam mit dir nach vorne gehen.
Menschen Gutes tun, sein Reich, seine Church mit dir gemeinsam bauen. Gott hat so viel Potenzial in dich hineingelegt und er
ist on fire, gemeinsam mit dir diese Welt zu rocken.
Gott ist on fire und ready to go for it. Nur wir so oft nicht.
Warum eigentlich? Vielleicht weil wir gar nicht wissen, welche
Stärken wir eigentlich haben. Oder uns fehlt die Zeit, das zu
machen, was wir wirklich gut können. Manchmal haben wir auch
keine Lust, uns mit unseren Talenten für etwas einzusetzen,
oder wir haben keine wirklich coole Möglichkeit, mit unseren
Gaben an den Start zu gehen.

HELP WANTED

Es ist wichtig, dass du Leute in deinem Leben hast, die dir helfen, deine Stärken zu entdecken. Menschen, die dir die Möglichkeit geben oder mit dir nach Möglichkeiten suchen, sie auch einzusetzen. Leute, die das Potenzial in dir sehen und dich pushen.
Es ist wichtig, eine Crew zu haben, die dich nicht runterzieht oder ausbremst, sondern dich nach vorne bringt. Leute, die dich anfeuern und dir auch mal in den Hintern treten, wenn du keinen Bock hast und auf der Couch versauerst.
Das kann deine Family sein, deine Clique oder deine Church.

CHALLENGE

Mach eine Liste mit Leuten, die dir helfen können, deine Talente zu entdecken, zu entwickeln und einzusetzen.
Nimm heute noch Kontakt mit ihnen auf. Go for it!

THE SAME BUT DIFFERENT

Kennst du das auch? Deine Winterhandschuhe retten zwar deine Finger vor dem ultimativen Kältetod, aber bei der Touchfunktion deines Handys losen sie total ab. Damit du nicht ständig »Handschuh aus, Handschuh an« spielen musst, präpariere deine Handschuhe einfach, damit sie handytauglich werden.

HACK
38

NÄHE EIN STÜCK METALLFADENBAND AN DEN ZEIGEFINGER DEINES HANDSCHUHS.

BEFESTIGE DANN MIT DOPPELSEITIGEM KLEBEBAND

EIN STÜCK SILBERFOLIE AM ANDEREN ZEIGEFINGER.

JETZT HAST DU SUPER CLEVERE SENSORHAND-SCHUHE.

HANDSCHUH IST NICHT GLEICH HANDSCHUH

Das ist genauso wie bei uns Menschen. Auf den ersten Blick sind wir uns ähnlich und doch sind wir total verschieden. Wir sind alle von Gott geschaffen und doch ist kein Mensch wie der andere. Gott hat uns mit verschiedenen Interessen, Talenten, Stärken und auch Schwächen ausgestattet.

DIE ANDEREN

Kennst du das auch, dass du dich manchmal anschaust und Gott fragst: »Ist das alles?« Oft sind wir mit uns unzufrieden und wären lieber wie die anderen. Wir würden gerne so Gitarre spielen können wie Joe aus dem Worship-Team der Church oder so hammer singen wie Sarai beim Weihnachtsmusical. In solchen Momenten fragen wir uns, was Gott sich eigentlich dabei gedacht hat, Menschen so unterschiedlich an den Start zu schicken. Paulus vergleicht die vielen unterschiedlichen Typen in einer Church mit den verschiedenen Teilen eines Körpers. Im 1. Korintherbrief 12,14-17 schreibt er:

»Auch der Körper besteht aus vielen verschiedenen Teilen, nicht nur aus einem. Wenn der Fuß sagen würde: ›Ich bin kein Teil des Körpers, weil ich keine Hand bin‹, sollte er deshalb nicht zum Körper gehören? Und wenn das Ohr erklären würde: ›Ich bin kein Teil des Körpers, weil ich nur ein Ohr und kein Auge bin‹, sollte es deswegen etwa nicht mehr zum Körper gehören? Stellt euch vor, euer ganzer Körper wäre nur Auge – wie könntet ihr da hören? Oder wenn euer ganzer Körper nur Ohr wäre, wie könntet ihr da etwas riechen?«

ES KOMMT AUF JEDEN AN

Was Paulus hier sagt, könnte man so zusammenfassen: **Wir alle sind verschieden und das ist auch gut so.** Wir brauchen einander und ergänzen uns, nur dann ergibt es ein ganzes Bild. Ja, die Joes sind wichtig, sie tragen ihren Teil dazu bei, dass wir in der Church einen hammer Worship haben und Gott anbeten können. Aber Lukas, der nicht so der Bühnentyp ist, dafür jeden Sonntag treu an der Technik sitzt, auch!
Ja, wir brauchen die Sarais dieser Welt und ihre genialen Stimmen für tolle Weihnachtsmusicals. Wir brauchen aber auch die Lisas, die die Proben ansetzen und die Songs mit den Sängern geduldig üben. Und die Jörns, die die Kulissen bauen, und die Natalys, die geduldig und mit ruhiger Hand auch den zwanzigsten Stall wieder mit den verschiedensten Brauntönen ausmalen. Wir brauchen einander! Jeder ist wichtig. Jeder darf und soll Teil des Teams sein und seinen Teil zum Ganzen beitragen, auch du!

GOLD NUGGET

»So bildet ihr gemeinsam den Leib von Christus, und jeder Einzelne gehört als ein Teil dazu.«

1. Korinther 12,27

PRAYER

Gott, ich danke dir, dass du mich so genial gemacht hast. Hilf mir, dass ich nicht immer auf das schaue, was die anderen haben, und auf das, was mir fehlt. Hilf mir, die Stärken zu entdecken, die du mir gegeben hast. Zeig mir, wo und wie ich sie gut einsetzen kann.

CHALLENGE
ACCEPTED

Du bist auf einer Party und hast eine Tüte Chips dabei,
aber keine Schüssel, um sie zu servieren?
So kannst du aus der Tüte selbst eine Schale zaubern.

**HACK
39**

MACH IN DIE MITTE DER TÜTE EIN KLEINES LOCH – MIT EINER SCHERE ODER
ZUR NOT AUCH MIT DEN ZÄHNEN. JETZT KANNST DU DAS LOCH
SPIRAL FÖRMIG GRÖSSER MACHEN UND DEINE IMPROVISIERTE SCHALE IST FERTIG.
SO KANN JEDER BEQUEM HINEINFASSEN.

DAS LEBEN STECKT VOLLER HERAUSFORDERUNGEN

Wie serviere ich meine Chips ohne Schüssel?

Wie überlebe ich die nächste Mathearbeit?

Was kann ich tun, um mich mit meiner Freundin endlich wieder zu versöhnen?

Du wirst immer wieder vor neuen Challenges stehen. Sie gehören zum Leben dazu. Dabei stehen auf unserem Wunschzettel fürs Leben Herausforderungen wahrscheinlich nicht gerade unter den Top Five. Denn manche Herausforderungen können es ganz schön in sich haben.

GANZ SCHÖN KRASS!

Manche Challenges ziehen sich wie Kaugummi und dauern gefühlt ewig. Sie haben das Potenzial, uns langsam, aber sicher fertigzumachen. Sie klauen uns Tag für Tag jede Power. Manche Challenges haben das Potenzial, dass wir in manchen Lebensbereichen sogar total ablosen können.

Und es gibt Herausforderungen, die das Potenzial haben, unserem Glauben zu schaden. Manchmal kommen Dinge in unser Leben, die unser Vertrauen in Gott total angreifen.

Heftige Sachen, bei denen wir uns fragen: Gott, warum? Manche Stürme in unserem Leben können zu einer Prüfung für unseren Glauben werden.

GOOD NEWS

Aber jetzt kommt die gute Nachricht! Challenges müssen nicht automatisch einen schlechten Effekt auf unser Leben und unseren Glauben haben. Das Wort Gottes sagt uns, dass Herausforderungen auch einen positiven Effekt auf unser Leben haben können: *»Wenn in schwierigen Situationen euer Glaube geprüft wird, dann freut euch darüber. Denn wenn ihr euch darin bewährt, wächst eure Geduld. Und durch die Geduld werdet ihr bis zum Ende durchhalten, denn dann wird euer Glaube zur vollen Reife gelangen und vollkommen sein und nichts wird euch fehlen«* (Jakobus 1,2-4).

Good News! Unser Glaube an Gott kann durch Herausforderungen auch wachsen. Wenn du Sportler bist, dann weißt du, dass jede Übung, die du machst, jeder Kilometer, den du läufst, jedes Turnier, das du spielst, einen positiven Effekt auf deine Ausdauer, deine Muskeln und deine Kraft hat. Deswegen weißt du auch schon, bevor du dich abrackerst, dass du hinterher stärker, schneller, besser bist als vorher.

GOING DEEPER

Genauso ist es auch mit deinem Glauben. Mit jeder Challenge, die du mit Gottes Hilfe gepackt hast, bist du stärker als vorher. Und deine Beziehung zu ihm ist tiefer geworden, weil du gemerkt hast, dass du ihm vertrauen kannst. Dein Glaube an ihn wird wachsen wie ein Muskel, der trainiert wurde. Darum schreibt Jakobus, dass wir uns sogar freuen sollen, wenn es schwierig wird.

Denn in den hard Times lernen wir erst, Gott wirklich zu vertrauen. Und Glauben heißt nichts anderes, als zu vertrauen. Glaubenswachstum und Herausforderungen hängen direkt zusammen. Wünschst du dir einen großen Glauben und eine richtig tiefe Beziehung zu Gott? Dann umarme die nächste Herausforderung, die in dein Leben platzt, und sieh sie als Chance, eine hammer Erfahrung mit dem liebenden, mächtigen Gott zu machen.

Dein Motto ab heute: Challenge accepted.

PRAYER

Gott, du kennst jede Challenge meines Lebens. Die, die ich gerade durchmache, und jede, die noch kommt.

Bitte schenk, dass mich jede Herausforderung weiterbringt, anstatt mich fertigzumachen.

Ich will im Sturm deine Nähe, deine Kraft, deinen Trost suchen.

Ich danke dir, dass mein Glaube und mein Vertrauen in dich durch jede geschaffte Challenge wachsen werden.

Danke, dass du mich liebst und gerade die miesen Zeiten benutzen kannst, um mein Leben nach vorne zu bringen.

CHALLENGE ACCEPTED

#GottIstStark

Dein Fußball ist ständig platt, liegt wie eine weiche Kartoffel im Eck und du kannst ihn nicht mehr so richtig aufpumpen? Besorg dir aus der Apotheke eine Spritze und zieh sie mit dem Eiweiß eines rohen Eies auf. Spritz den Glibber durch die Luft-pumpen-öffnung in den Ball und schüttel das Ganze gut durch. Kein Witz, das funktioniert. Das Eiweiß wird die porösen Stellen im Ball wieder abdichten. Tschüss weiche Kartoffel. Hello starker Ball.

HACK
40

GOD ist DOPE

STARK!

Kennst du den Kids-Worship-Song *»Gott ist stark«*?
Da heißt es: *»Gott ist stark. Gott ist stärker noch als Supermann.
Er ist der aller-, aller-, allergrößte Held. Der allergrößte Held
auf dieser Welt.«*
Wärst du auch gerne mal für einen Tag Superman?
Oder würdest du Superman gerne kennen? Der angeflogen
kommt, wenn die Hütte brennt, und das Ding klarmacht.
Dich rettet. Das Spiel für dich noch mal dreht.
In unseren Liedern in der Church singen wir, dass dieser Jemand
in unserem Leben Gott ist. Wir singen, dass der Gott-Faktor in
dein Leben kommt, wenn du Gott in deinem Leben hast.
Diese »Nichts-ist-unmöglich-und-mit-unserem-Gott-sind-
wir-stark«-Realität.
Paulus, ein Mann, der extrem viele Herausforderungen in
seinem Leben zu meistern hatte, hat gesagt:
*»Nichts ist mir unmöglich, weil der, der bei mir ist, mich stark
macht«* (Philipper 4,13).

NICE ... BUT TRUE?

Das ist ein hammer Spruch. Aber ob es mehr ist als ein Spruch,
stellt sich dann raus, wenn ich erlebe, dass Gott in meine
Situation mit seiner mächtigen Hand eingreift! Das, was Paulus
erkannt hat, ist so lange nur Theorie, bis du Gottes Eingreifen
hautnah und live erlebst. Wenn eine big Challenge in dein Leben
platzt, dann stellt sich raus, ob das nur so dahingesagt
ist oder eine Wahrheit, die trägt.

Herausforderungen sind die Chance schlechthin, dass du erlebst, was du glaubst: Gott ist nichts unmöglich!

Er kann eingreifen und deine Situation verändern.

Er kann dich verändern mitten in deinem Sturm, sodass du einen festen inneren Stand hast und nicht so leicht umgehauen wirst.

GOTTES STÄRKE LIVE ERLEBEN

Mose erlebte genau das. Gott befreite mit ihm zusammen seine Leute, die Israeliten, aus Ägypten. Dort waren sie Sklaven und hatten echt nichts zu lachen. Mose führte mit Gottes Hilfe die Masse an Leuten mitten durch ein Meer, das Gott geteilt hatte. Und dann überlebte er vierzig Jahre mit diesem großen Volk in der Wüste. Am Ende seines Lebens hatte Mose keinen Zweifel mehr: Gott ist nichts unmöglich.

Aber Mose kam nicht mit diesem festen Glauben auf die Welt. Er war am Anfang so klein mit Hut, als Gott ihm sagte, was der erste Schritt sei. What? Dem Pharao sagen, dass er die Israeliten, seine kostenlosen Arbeitskräfte, einfach mal eben so gehen lassen soll? Da musste Mose erst mal mit Gott diskutieren. Kennst du das auch, dass wir Gott oft sagen, was geht und was nicht geht? Mose musste erst mal die Erfahrung machen, dass Gottes Kraft für zwei reicht. Und als die erste Challenge gewuppt war und Mose Gottes Stärke live erlebt hatte, wuchs sein Glaube und da hatte er bei der nächsten Challenge schon mehr Vertrauen in Gott.

THINK ABOUT

→ Wann hast du das letzte Mal erlebt, dass Gott nichts unmöglich ist, auch deine Situation nicht?
Ist dein Vertrauen in ihn dadurch gewachsen?

→ Was wirst du bei der nächsten Herausforderung tun?
Holst du Gott mitten rein?

GOLD NUGGET

»Du gibst mir rettenden Schutz. Deine Hand hält mich und durch deine Gnade hast du mich stark gemacht.«

Psalm 18,36

DIG DEEPER

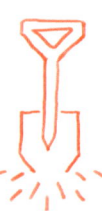

Die big Story von Mose Teil 1:
1. Mose 2–17.

CHALLENGE ACCEPTED

#GottVersorgt

**Musst du in der Schule öfter Post-its griffbereit haben?
Dann klebe verschiedene Post-its in unterschiedlichen Größen
und Farben einfach in deinen Schulordner rein.**

YES!

HACK
41

NIMM DAFÜR DEN HINTEREN TEIL, DER MEISTENS AUS ETWAS FESTEREM KARTON IST,
VOM POST-IT-BLOCK AB. DER KLEBESTREIFEN DES LETZTEN POST-IT KOMMT SO
ZUM VORSCHEIN. JETZT KANNST DU DEN POST-IT-BLOCK DIREKT AN DEINEM ORDNER
BEFESTIGEN. FALLS DAS NICHT HÄLT, NIMM ETWAS HEISSKLEBER ZU HILFE.

ALLES, WAS DU BRAUCHST

Es ist so wichtig, dass wir gut versorgt sind, um Challenges zu meistern. So ist es in der Schule und im restlichen Leben. Wenn Herausforderungen in dein Leben kommen, brauchst du das ganze Paket: Kraft, Mut, die richtigen Leute an deiner Seite. Eben genau das, was du in der jeweiligen Situation brauchst. Hast du schon mal erlebt, dass Gott dich in einer Challenge versorgt hat? Durftest du schon live miterleben, wie das ist, wenn Gott dir das gibt, was du wirklich brauchst, damit du durch schwere Zeiten kommst?

DER GEDECKTE TISCH

David hat das erlebt und in seinem Psalm 23 so beschrieben:

»Auch wenn ich durch das dunkle Tal des Todes gehe, fürchte ich mich nicht, denn du bist an meiner Seite. (...) Du deckst mir einen Tisch vor den Augen meiner Feinde. Du nimmst mich als Gast auf und salbst mein Haupt mit Öl. Du überschüttest mich mit Segen.«

David hat gemerkt, dass Gott auch in den krassen Zeiten keinen Millimeter von seiner Seite geht. Er hat live miterlebt, dass Gott ihn segnet, ihm Gutes tut und ihn mitten im Sturm versorgt. Gott ist da *und* Gott versorgt im ganzen Chaos. David benutzt hier das Bild vom gedeckten Tisch. Das finde ich stark. Mitten im Sturm deckt uns unser Gott einen fetten Tisch. Um dich herum tobt alles, aber du kannst dich stärken am Tisch, den Gott dir deckt. In Challenges kannst du erleben, dass Gott dir alles gibt, um durch diese krasse Zeit zu kommen.

Und deine Feinde – wer auch immer die in deiner Situation sind – müssen zuschauen, wie Gott sich zu dir stellt. Und sie müssen mit ansehen, dass dich die Challenge nicht fertigmacht, dich nicht zerbricht und du ans Ziel kommst, weil Gott für dich ist.

Er deckt deinen Tisch mit Trost, mit Hoffnung, mit Freude. Er gibt dir Weisheit, was der next Step ist in all dem Schlamassel. Gott gibt dir Power, seine Power, mit der du es schaffen kannst. Du kannst dich an diesen Gott hängen, seine Kraft bringt dich da durch. *Er* deckt deinen Tisch mit allem, was du gerade in den schweren Zeiten brauchst.

Gott will, dass du stärker als vorher da rauskommst. Mit ihm an deiner Seite ist alles möglich, auch eine krasse Challenge zu überstehen, ohne kaputtzugehen.

Gott ist gut, auch wenn es Menschen nicht immer gut mit dir meinen und so mancher Sturm in deinem Leben von Menschen angezettelt wird. Gott meint es gut mit dir und gibt dir alles, was du wirklich in den krassen Challenges brauchst.

CHALLENGE

Machst du gerade eine schwere Zeit durch oder stehst du vor einer krassen Herausforderung? Bitte Gott, deinen Tisch zu decken mit allem, was du wirklich brauchst. Schütte Gott im Gebet dein Herz aus und sei offen für sein Reden zu dir. Manchmal packt Gott dir Sachen auf deinen Tisch, die du übersiehst, weil du das gar nicht auf dem Schirm hast. Aber seine Hilfe ist immer die beste. Du kannst ihm vertrauen.

KLARE KANTE

Du willst einen Kreis zeichnen, aber dein Zirkel ist spurlos verschwunden? Kein Problem! Mit diesem Life Hack kannst du einen exakten Kreis ziehen auch ohne Zirkel.
Dafür brauchst du nur zwei Bleistifte und eine Büroklammer.

HACK
42

BIEGE DIE BÜROKLAMMER SO WEIT AUSEINANDER, BIS NUR NOCH EIN HAKEN PRO ENDE DA IST.

SETZE EINEN BLEISTIFT IN DIE MITTE DES EINEN HAKENS UND BENUTZE IHN ALS FIXPUNKT. ZIEHE JETZT MIT DEM ZWEITEN BLEISTIFT, EINGEHAKT IN DEN ZWEITEN HAKEN DER BÜROKLAMMER, EINEN EXAKTEN KREIS.

KLARE LINIEN ZIEHEN

Manchmal muss man klare Linien ziehen, da reicht Abschätzen einfach nicht. In Geometrie zum Beispiel einen Kreis frei Hand zu zeichnen, das geht gar nicht. Außer dein Lehrer ist extrem locker drauf.

AUCH IM LEBEN ...

... ist es immer wieder wichtig, klare Linien zu ziehen und klare Kante zu zeigen. Zum Beispiel beim Thema Mobbing oder Fremdenfeindlichkeit. Oftmals fällt es uns aber schwer, uns klar zu positionieren. Denn das geht nur, wenn man sicher weiß, was richtig und was falsch, was gerecht und ungerecht ist. Wenn wir das aus dem Bauch heraus entscheiden, liegen wir auch oft falsch und merken es immer wieder erst hinterher.

Jesus gibt uns in der Bibel ganz klare Linien. Er zeigt uns, was richtig ist und was falsch, was gerecht und ungerecht ist. An ihm und seinem Wort können wir uns orientieren, und das kann uns die Sicherheit geben, einen Standpunkt zu beziehen.

KLARE KANTE

Jesus zeigte immer klare Kante. Einmal schleppten die Leute eine Frau zu ihm, die auf frischer Tat beim Ehebruch erwischt wurde. Das war zu der Zeit noch ein Vergehen, das mit dem Tod durch Steinigung bestraft wurde. Ganz schön krass!

Jetzt waren alle gespannt, was Jesus dazu sagen würde. Würde er hier klare Kante zeigen? Das tat er, aber anders, als die frommen Leute es erwartet hätten. Er sagte: »Wer von euch ohne Sünde ist, der soll den ersten Stein auf sie werfen!«

Wow, das haute rein. Jesus hielt ihnen den Spiegel vor: Wir alle haben Dreck am Stecken! (Bis auf Jesus – er war der einzige Mensch, der jemals über diese Erde gegangen ist, ohne jemals Mist gebaut zu haben.) Eigentlich hätten alle irgendeine Strafe verdient. Alle, die dastanden und mit dem Finger auf die

Frau zeigten, hätten an ihrer Stelle stehen können. Nach dieser klaren Kante hatte keiner mehr den Mut, die Frau zu bestrafen. Gut so!

Jesus stellte sich ganz klar vor die Frau, bevor der Mob sich auf sie stürzte. Aber auch der Frau gegenüber bezog Jesus ganz klar Stellung: »Wo sind sie? Hat dich keiner von ihnen verurteilt?« – »Niemand, Herr«, antwortete sie. »Dann verurteile ich dich auch nicht«, erklärte Jesus. »Geh und sündige nicht mehr.«

Das, was sie getan hatte, war in Gottes Augen nicht okay, das sagte Jesus ihr auch. Er rettete sie und ignorierte aber gleichzeitig nicht das, was sie getan hatte. Jesus war und ist ganz klar. Die klare Kante, die er immer wieder zeigte, hat damals vielen Menschen geholfen, sich klar zu positionieren, und das hat ihr Leben weitergebracht. Auch heute noch hilft uns seine klare Kante, uns klar zu positionieren und zu tun, was in Gottes Augen gut und gerecht ist.

DIG DEEPER

Jesus und die Ehebrecherin:
Johannes 8,1-11.

PRAYER

Danke, Jesus, für dein Wort, die Bibel. Danke, dass du durch sie zu mir sprichst. Danke, dass du mir Orientierung gibst und mir zeigst, was gut und gerecht ist. Hilf mir, dein Wort besser zu verstehen und im Alltag deine klare Kante zu leben.

LEBEN <u>MIT</u> PROFIL

Der jährliche Schulausflug steht an und deine einzigen festen Schuhe sind abgelatscht und haben kaum noch Profil? Nimm einen Tacker, klappe ihn ganz auf und drücke in dein altes Profil Tackerklammern rein. Jetzt hast du wieder mehr Profil in der Sohle und damit auch mehr Grip. Allerdings nur auf trockenem Boden. Nicht auf Eis und glatten Flächen verwenden!

HACK
43

KLARE KANTE

Profil zu haben ist nicht nur bei Schuhen wichtig, sondern auch für unser Leben. Viel zu viele Menschen schwimmen immer mit dem Strom.

Im letzten Hack hast du gelesen, dass Jesus immer klare Kante gezeigt hat, wenn es angebracht war. Er sprach das an, was daneben und in Gottes Augen falsch und ungerecht ist. Das gab seinem Leben ein richtig starkes Profil.

Bis heute ist Jesus ein Vorbild für viele Menschen.

LEBEN MIT PROFIL – NICHT IMMER EASY

Jesus lebte mit Profil. Seine Klarheit brachte ihn am Ende aber auch ans Kreuz, weil er vielen Leuten auf die Füße trat.

Wenn du die klare Kante von Jesus lebst, dann wirst du dir nicht nur Freunde machen. Zum Beispiel wenn du Ungerechtigkeit nicht einfach ignorierst, sondern dich für Schwächere einsetzt. Oder wenn du nicht bei allem mitziehst, obwohl es gefühlt alle tun, weil du weißt, dass Jesus das nicht will. Nicht jeder wird das cool finden und dich unterstützen.

ES LOHNT SICH

Leben mit Profil heißt, immer wieder gegen den Strom zu schwimmen, weil die Masse eben nicht immer recht hat. Gegen den Strom zu schwimmen bedeutet dann oft auch, mit seiner Haltung alleine dazustehen.

Es braucht Kraft und Mut, das Richtige zu tun, aber es lohnt sich auch. Jesus hat es in Kauf genommen, dass er nicht »Everybody's Bro« war. Dafür hat er immer das Richtige getan. Wenn du tust, was in Gottes Augen richtig ist, ist das sicher nicht immer easy. Aber unterm Strich wird dein Leben erfüllter sein und du wirst mehr Gutes tun, als wenn du einfach immer mit der Masse schwimmst.

GOLD NUGGET

»Denn wir sind Gottes Schöpfung. Er hat uns in Christus Jesus neu geschaffen, damit wir zu guten Taten fähig sind, wie er es für unser Leben schon immer vorgesehen hat.«

Epheser 2,10

PRAYER

Jesus, ich bitte dich, mir zu helfen, das in deinen Augen Richtige zu tun. Gib mir im richtigen Moment die Power und den Mut, nicht mit der Masse zu schwimmen, wenn es in deinen Augen falsch ist.

LIGHT

Bau dir deine eigene Partylampe: Für richtig cooles Licht mach die Taschenlampenfunktion deines Handys an und stelle eine volle PET-Flasche direkt auf die Linse.

HACK 44

FEEL THE DIFFERENCE

Licht ist nicht gleich Licht. Egal ob Abschlussball, Party oder Chillout, wenn die grellen Deckenfluter alles wegbrennen, kommt keine Stimmung auf. Hast du aber cooles, gechilltes Licht am Start, bekommst du gleich die richtige Atmosphäre zum Feiern, Chillen oder Abdancen. Das richtige Licht macht eben den Unterschied.

JESUS, THE LIGHT

Jesus hat sich selbst einmal als Licht der Welt bezeichnet:
*»Ich bin das Licht der Welt. Wer mir nachfolgt, braucht nicht
im Dunkeln umherzuirren, denn er wird das Licht haben,
das zum Leben führt«* (Johannes 8,12).

Kennst du das Gefühl, im Dunkeln zu tappen? Keinen
wirklichen Plan zu haben, was jetzt die richtige Entscheidung ist?
Keine Ahnung zu haben, was wirklich zählt?
Wie lebt man dieses Leben, ohne am Ende zu denken:
»Ich hab das Wichtigste verpasst«?
Jesus möchte Licht in unser Dunkel bringen. *Er* weiß, wie das
Leben läuft, schließlich hat er es erfunden. Er hat einen
guten Plan für jeden Menschen, auch für dich.
Wenn du Jesus zum Mittelpunkt in deinem Leben machst,
hast du das Licht in Person am Start. Er möchte so gerne dein
Leben hell machen.
Jesus kennt dich und er liebt dich. Er kann dir alles zeigen,
was für dein Leben wirklich zählt, dir helfen, die richtigen Ent-
scheidungen zu treffen und seinen Plan für dein Leben zu
entdecken.
Jesus in your life – das macht den echten Unterschied.

LET YOUR LIGHT SHINE

Jesus sagte einmal zu seinen Leuten: *»Ihr seid das Licht der
Welt – wie eine Stadt auf einem Berg, die in der Nacht hell er-
strahlt, damit alle es sehen können«* (Matthäus 5,14).

Wenn du mit Jesus unterwegs bist und er dein Licht ist, dann kannst du auch ein Licht für andere sein. Du hast etwas in deinem Leben, was den Unterschied macht: Jesus. Er möchte durch dich in das Leben von anderen scheinen. Wie genial ist das denn?

Du bist wichtig für Jesus *und* für die Menschen in deinem Umfeld.

DIG DEEPER

Jesus sagte zum Thema Licht aber noch mehr:

»Versteckt euer Licht nicht unter einem umgestülpten Gefäß! Stellt es lieber auf einen Lampenständer und lasst es für alle leuchten. Und genauso lasst eure guten Taten leuchten vor den Menschen, damit alle sie sehen können und euren Vater im Himmel dafür rühmen«

Matthäus 5,15-16

CHALLENGE

Für wen kannst du diese Woche dein Licht scheinen lassen? Bete doch mal und frage Jesus, wem er durch dich etwas Gutes tun will.

Wie könntest du für diese Person Licht sein?

Mit einem Gebet, einer ganz praktischen Hilfe oder indem du dieser Person erzählst, was du schon mit Jesus erlebt hast?

JESUS FIRST

Hast du auch so ein Schuhpaar, bei dem ständig die Schnürsenkel aufgehen? Um dieses lästige Problem zu beseitigen,
reibe eine Kerze von oben bis unten an deinen Schnürsenkeln.
Nimm dafür am besten eine Kerze, die dieselbe Farbe hat
wie deine Schnürsenkel. Das Wachs der Kerze bleibt an den
Senkeln haften. Wenn du deine Schuhe jetzt zubindest,
halten sie bombenfest.

HACK
45

DEIN HALT

In unserem Leben ist es manchmal wie bei den Schnürsenkeln:
Wir schaffen es nicht alleine. Wir brauchen immer wieder Hilfe,
Sicherheit, Unterstützung und die Gewissheit, dass es etwas
oder jemanden gibt, der uns Halt gibt.
In Markus 10 ab Vers 17 lesen wir von einem reichen Mann,
der zu Jesus kam. Er war auf der Suche nach dem Leben,
das ihn wirklich erfüllt. Leben, das niemals aufhört.
Ewiges Leben bei Gott. Er hatte schon viel von Jesus gehört.
Dass er Menschen im Innersten berührte, sie heilte und wirklich
gute Tipps und Antworten auf die wichtigsten FAQs hatte.
Die Antwort, die Jesus ihm gab, um ein erfülltes, ewiges Leben
zu haben, lautete: »Lebe nach Gottes Willen und halte seine
Gebote.« Und die Antwort des Mannes kam wie aus der Pistole
geschossen: »Hä, das versteh ich nicht. Seit ich ein kleiner
Pimpf bin, richte ich mein Leben nach dem aus, was Gott sagt.
Und trotzdem steh ich jetzt hier.« Da schaute Jesus
ihn voller Liebe an und erkannte, woran es bei ihm hakte:

>»*Eins fehlt dir noch‹, sagte Jesus zu ihm. ›Geh und verkaufe
alles, was du hast, und gib das Geld den Armen, dann wirst
du einen Schatz im Himmel haben. Danach komm und folge
mir nach.‹ Als er das hörte, verdüsterte sich das Gesicht
des Mannes, und er ging traurig fort, denn er war sehr reich.*«

Markus 10, 21-22

What? Was war das denn? Jesus gab ihm einen heißen Tipp
und der Mann wurde traurig und haute ab?

Hack 45 – Jesus first

Jesus erkannte, was diesen Typen von einem echt erfüllten Leben abhielt: seine fette Kohle. Er baute krass auf seine eigene Sicherheit. Lieber selbst Herr der Lage sein, als sich »nur« auf Jesus und seine Versorgung zu verlassen.

Er traute seiner self-made Leistung mehr als Jesus. Als Jesus ihn dann vor die Wahl stellte, entschied er sich für die Sicherheit, die ihm seine Kohle bot, und damit gleichzeitig gegen das Vertrauen in Jesus.

Martin Luther sagte einmal: »Woran du dein Herz hängst und worauf du dich verlässt, das ist dein Gott!«

WER IST DEIN GOTT?

Was gibt dir Sicherheit? Wem vertraust du wirklich dein Leben an? Von wem oder was versprichst du dir Hilfe?

Wo kommt dein Halt her?

Woran hängt dein Herz?

Was kommt bei dir an erster Stelle und kickt Gott vom ersten Platz in deinem Leben?

Natürlich dürfen wir Dinge besitzen. Es ist voll okay, zu sparen und sich dann auch mal was zu leisten. Klar dürfen wir Freunde haben, die auch mal in unser Leben quatschen dürfen.

Menschen sind wichtig für unser Leben. Aber all diese Dinge sollen den richtigen Platz haben. Wenn wir sie zu unserem Gott machen, hat der eine wahre Gott keinen Platz mehr.

Es ist eine Frage der Priorität. Gott will Nummer eins in unserem Leben sein. Nur dann kann er uns helfen, ein echt erfülltes Leben zu haben.

GOLD NUGGET

»Mir ist alles erlaubt. Aber nicht alles ist gut. Es ist mir zwar alles erlaubt, doch ich will mich von nichts beherrschen lassen.«

1. Korinther 6,12

CHALLENGE

Wer oder was nimmt immer wieder Gottes Platz in deinem Leben ein? Entscheide dich heute ganz bewusst dafür, diese Dinge als coole Ergänzung für dein Leben zu sehen, aber dich nicht davon abhängig zu machen.
Dein Motto ab heute: »Jesus first!«

MONEY, MONEY, MONEY

Nervt es dich auch, immer ewig an deiner Tesarolle rumzukratzen, bis du endlich den Anfang gefunden hast? Hier ist ein simpler, aber total wirksamer Life Hack, um Nerven und Zeit zu sparen.

HACK
46

NIMM EINE EIN-CENT-MÜNZE UND KLEBE SIE AN DAS ENDE DES TESASTREIFENS. KLEBE JETZT DAS ENDE ZUSAMMEN MIT DER MÜNZE WIEDER AN DIE ROLLE UND TADA ... KEIN SUCHEN UND KEIN KRATZEN MEHR.

DEINE KOHLE UND DU

Was machst du so mit deiner Kohle, wenn man mal von dem Centstück für diesen Life Hack absieht? Bestimmt brauchst du sie, um dir Sachen zu kaufen. Was schaffst du dir so an? Klamotten, Games, neue Sneaker? Vielleicht musst du auch dein Hobby davon finanzieren? Neue Sticks für dein Schlagzeug oder einen Fitnesstracker fürs Joggen anschaffen? Hast du dir schon mal Gedanken darüber gemacht, was Gott wohl über Geld denkt und ob er etwas dazu zu sagen hat?

DEINE KOHLE UND GOTT

Gott braucht für sich keine Kohle und schon gar nicht unsere. Er ist zu null Prozent davon abhängig. Für sich selbst verschwendet er keinen einzigen Gedanken an dieses Thema.
Und trotzdem hat Gott viel zum Thema Geld zu sagen.
Einfach weil es ein Thema in unserem Leben ist.
Weil in unserem Every-day-Life Kohle ständig eine Rolle spielt.
Geld kann ein echter Segen sein und gleichzeitig mega viel kaputtmachen.
Wenn Gott über Geld spricht, dann, damit wir lernen, gut damit umzugehen. In der Bibel gibt es über zweitausend Verse zum Thema Kohle und Besitz. Was Gott uns unterm Strich darin sagt, ist: Es geht nicht darum, Geld einfach nur zu besitzen, sondern es auch weiterzugeben. An die Menschen, die Gott durch uns beschenken möchte.

DAS SCHLAUCHPRINZIP

Wir sollen kein Topf sein, der die Kohle, die von oben reinfließt, sammelt. Wir sollen eher vom Typ Gartenschlauch sein, der das, was reinfließt, zum Segen für andere weiterfließen lässt.
Natürlich dürfen wir auch Geld besitzen, um uns selbst zu versorgen. Aber eben nicht nur. Oder anders gesagt: Gott schenkt uns alles, was wir brauchen, versorgt uns und wir können ohne Angst großzügig anderen gegenüber sein. Denn Gott ist unsere Quelle, unser Versorger. Derjenige, der uns beschenkt.
Und gleichzeitig will Gott immer auch durch uns andere beschenken.
Als Kind hatte meine Familie ein Patenkind in Afrika.
Jeden Monat haben wir Geld überwiesen und immer wieder Post bekommen mit Fotos und den neuesten Entwicklungen.
Ich merkte damals schon, was das für ein hammer Gefühl ist, von dem, was Gott einem schenkt, an andere weiterzugeben.
Gott will uns Gutes tun, damit wir anderen Gutes tun können.
In meinem Leben habe ich das Prinzip »Bekommen und Weitergeben« entdeckt. Ich will den Schlauch-Lifestyle leben.
Und ich will erleben, wie dieser Schlauch immer breiter wird, weil Gott mehr durch mein Leben fließen lassen will. Immer mit dem Ziel, anderen noch mehr Gutes zu tun.

THINK ABOUT

→ Was denkst du über das Schlauchprinzip?
→ Was könnte dein next Step sein?
→ Wem könntest du durch deine Kohle Gutes tun?

GOLD NUGGETS

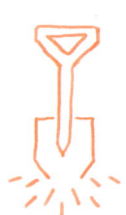

»Jeder von euch muss selbst entscheiden, wie viel er geben möchte. Gebt jedoch nicht widerwillig oder unter Zwang, denn Gott liebt den Menschen, der gerne gibt.«

2. Korinther 9,7

»Ihr werdet empfangen, damit ihr umso großzügiger geben könnt. Und wenn wir eure Gabe denen bringen, die sie nötig haben, werden sie Gott von Herzen danken.«

2. Korinther 9,11

DIG DEEPER

Was Jesus über Geld und Besitz sagt:
Matthäus 6,1-4
und
Lukas 12,22-34.

SCHLEIFSTEINE

Hast du auch den ein oder anderen Reißverschluss,
der immer an derselben Stelle klemmt? Probier's mal mit einem
simplen Bleistift. Reibe die Mine an der Problemstelle auf
beiden Seiten am Reißverschluss. Das wirkt wie Schmiere an
der Fahrradkette.

HACK
47

WENN'S LÄUFT,
DANN LÄUFT'S ...

Gehörst du auch zu den Leuten, die es total abfeiern, wenn Sachen einfach laufen? Die Party ist geplant, alle Beteiligten machen, was sie machen sollen. Kein Stress und keine Diskussionen. Oder deine Projektgruppe trifft sich, ihr seid euch gleich einig, deine Ideen werden berücksichtigt und ihr habt on top noch mega viel Spaß zusammen.

... WAS ABER, WENN NICHT?

Wie geht es dir damit, wenn Leute bei der Partyplanung unzuverlässig sind oder spontan absagen? Oder wenn bei dem Projekttreffen die anderen anderer Meinung sind und deine Ideen nicht alle berücksichtigt werden? Wenn es erst mal eine lange Diskussion gibt und am Ende dann nur noch ein Kompromiss übrig bleibt?

CHARAKTERSACHE

Ein Freund von mir sagte mal: »Ich bin der geduldigste Mensch dieser Welt ... bis andere Leute den Raum betreten.«
That's it, oder? Andere Leute und tricky Momente fordern uns ganz schön heraus. Aber nur durch diese Challenges lernen wir, wirklich geduldig zu sein, auch mal was auszuhalten, zu fighten und nicht gleich aufzugeben, zu vergeben, unsere Gedanken im Zaum zu halten und vieles mehr. Ohne Challenge kein Wachstum im Charakter.
In Gottes Augen bist du ein Rohdiamant. Unglaublich wertvoll und mit Ecken und Kanten wie jeder Mensch. Gott möchte dich »schleifen« und zu einem hammer Edelstein machen.
Gott kann Situationen, in denen es einfach klemmt, benutzen, um dich weiterzubringen. In jeder Challenge kannst du was von Gott lernen. Er kann dir durch Menschen, die es dir so richtig schwer machen, wichtige Aha-Erlebnisse schenken.
Schwierige Menschen und Challenges müssen nicht deine Feinde sein. Sieh sie als Chance, dass Gott an dir arbeiten kann und er dadurch dein Leben nach vorne bringt.

GOLD NUGGET

*»Wenn dagegen der Heilige Geist unser Leben beherrscht,
wird er ganz andere Frucht in uns wachsen lassen: Liebe, Freude,
Frieden, Geduld, Freundlichkeit, Güte, Treue, Sanftmut
und Selbstbeherrschung.«*

Galater 5,22-23

THINK ABOUT

→ Was hast du aus den letzten Challenges mitgenommen?
→ Wann hat dich das letzte Mal eine schwierige Person persönlich weitergebracht?

PRAYER

*Gott, jeder Tag ist eine neue Herausforderung.
Bitte hilf mir, auch die Schwierigkeiten als Chance zu sehen.
Zeig mir heute, was ich persönlich aus den heavy Momenten
mitnehmen soll. Verändere du mich zum Positiven durch
alle Schleifsteine, die in mein Leben kommen. Schenk, dass sie
mich stärker, weiser, geduldiger, freundlicher, treuer und
disziplinierter machen.
Danke, dass du dadurch mein Leben nach vorne bringst.*

OFF THE BOAT
#GehtNichtGibtsNicht

Hier ist ein cooler Life Hack, wenn du Radierernotstand hast:
Nimm ein einfaches Haushaltsgummi und wickel es
um einen Finger. Jetzt kannst du mit dem Gummifinger ganz
bequem radieren. Du denkst, das geht nicht? Geht nicht,
gibt's nicht. Probier es einfach mal aus.

HACK
48

UNMÖGLICH?

Eines Nachts schipperte die Crew von Jesus mit einem Boot über einen See. Jesus war nicht dabei, er wollte später nachkommen. Als Jesus sich dann auf die Socken machte, war seine Crew noch nicht wieder an Land angekommen. Dafür war sie aber mit ihrem Boot in einem Sturm gelandet. Also lief Jesus zu ihrem Boot. Auf dem Wasser!
Als ihn seine Jungs entdeckten, schoben die totale Panik. Ist ja auch spooky, oder? Jemand, der dir auf dem Wasser nachläuft ... Und in ihrer Panik schrien sie: »Es ist ein Gespenst!« Als Jesus das hörte, rief er sofort: »Ich bin's, ihr braucht keine Panik schieben.« Und hier fängt eine richtig krasse Story an:

> »Da rief Petrus ihm zu: ›Herr, wenn du es wirklich bist,
> befiehl mir, auf dem Wasser zu dir zu kommen.‹
> ›Dann komm‹, sagte Jesus. Und Petrus stieg aus dem Boot und
> ging über das Wasser, Jesus entgegen.«

Matthäus 14,28-29

Während elf Jungs nur zusahen, wie Jesus auf sie zukam, wollte Petrus mehr. Entweder er wollte wissen, ob das wirklich Jesus war. Dann wäre das Auf-dem-Wasser-Laufen der Beweis. Oder er dachte sich: »Hammer, das wollte ich schon immer mal machen. Wenn Jesus das kann, kann ich das mit seiner Hilfe auch!« Warum auch immer er diese verrückte Idee hatte, eines zeigt sie: Er traute Jesus zu, etwas Unmögliches möglich zu machen.

LIVE ERLEBT

Petrus wusste, dass mit Jesus alles möglich ist, und genau das erlebte er live.

Jesus kann auch in deinem Leben Unmögliches möglich machen. Da, wo du mit deinen Möglichkeiten am Ende bist, fängt Jesus gerade mal an. Jesus sagt von sich: »*Mir ist alle Macht im Himmel und auf der Erde gegeben*« (Matthäus 28,18).

Jesus hat alle Macht. Da, wo Türen in deinem Leben zu sind, kann Jesus sie für dich öffnen. Da, wo deine Power am Ende ist, hat er noch alle Power dieser Welt und des Himmels.

Da, wo du mit deinem Latein am Ende bist, weiß er genau, was zu tun ist. Petrus erfuhr diese Power hautnah und machte das hammer Erlebnis, auf dem Wasser zu gehen, während die anderen elf nur zuschauten.

GOLD NUGGET

»Mit meinem Gott kann ich über Mauern springen!«

Nach Psalm 18,30

THINK ABOUT

→ Welcher Typ bist du eher?
   Der »Auf-dem-Wasser-Läufer« oder der »Zuschauer, wie andere auf dem Wasser laufen«?

CHALLENGE

Wo könntest du gerade ein Wunder gebrauchen? Petrus sagte
zu Jesus: »Wenn du mich auf das Wasser rufst, werde ich gehen.«
Petrus wusste, nur mit dem Einverständnis von Jesus würde
er dieses Wunder auch erleben können.
Bitte Jesus doch um ein Wunder für deine Situation.
Aber sei auch offen für seine Ansagen. Vielleicht sieht das Wunder, das er in deinem Leben tun will, ganz anders aus,
als du es dir vorstellst. Denn neben mehr Power hat Jesus eben
auch mehr Durchblick für dein Leben.

OFF THE BOAT
#STEPS

Du hast deine Limodose nicht ausgetrunken und
willst den Rest aufheben? Hier kommt ein verrückter Hack,
wie die Kohlensäure in der Dose bleibt.

HACK
49

NIMM EINEN LUFTBALLON UND
PUSTE IHN AUF. DRÜCKE IHN
JETZT MIT DER OFFENEN SEITE
NACH OBEN LANGSAM AUF DEINE
OFFENE DOSE UND LASS IMMER
WEITER LUFT ENTWEICHEN.

DER LUFTBALLON SCHLIESST
SICH UM DIE DOSE UND
HÄLT DEINE KOHLENSÄURE DA,
WO SIE HINGEHÖRT.

CRAZY, ODER?

Gehörst du zu den Leuten, die gerne verrückte Sachen machen,
oder tickst du eher nach dem Motto »Vorsicht ist die Mutter
der Porzellankiste«?
Wenn man Dinge riskiert, ist das immer eine Sache des
Vertrauens. Dir selbst gegenüber und den Leuten, die bei der
Aktion mit am Start sind.
Die Crew von Jesus erlebte immer wieder krasse Momente,
in denen Jesus sie herausforderte, ihm zu vertrauen.
Als Petrus auf dem Wasser lief, war so ein Moment. Er hatte das
Vertrauen in Jesus und seine Power.
Zumindest so lange, bis ihm klar wurde, was er da eigentlich
gerade machte.

*»Als er sich aber umsah und die hohen Wellen erblickte,
bekam er Angst und begann zu versinken. ›Herr, rette mich!‹,
schrie er. Sofort streckte Jesus ihm die Hand hin und hielt
ihn fest. ›Du hast nicht viel Glauben‹, sagte Jesus. ›Warum hast
du gezweifelt?‹«*

Matthäus 14,30-31

Ungefähr so könnte der Film in Petrus' Kopf abgegangen sein:
»Yes, ich lauf auf dem Wasser ... Oh ... ich lauf ja echt auf
dem Wasser ... Shit, ich lauf auf dem Wasser und die Wellen
haben das Zeug dazu, mich jetzt und hier zu killen ...«

VOLLES RISIKO

Petrus ging auf volles Risiko, als er aus dem Boot ausstieg.
Er musste sich auf Jesus und seine Power verlassen.
Damit machte er sich ganz von Jesus abhängig.
Er setzte alles auf Jesus!
Hast du das auch schon mal getan? Dich voll und ganz von
Jesus abhängig gemacht?
Petrus sank nicht, weil Jesus die Power ausging. Er sank, weil
für ihn die Herausforderung doch plötzlich größer war als
die Kraft von Jesus. Petrus fing an zu zweifeln und machte inner-
lich einen Rückzieher. Hätte er gekonnt, hätte er sich in dem
Moment bestimmt wieder zurück ins Boot gebeamt.
Diese Reaktion ist total menschlich. Wenn man durch Challenges
geht, zweifelt man automatisch immer wieder.
Jesus möchte dich ermutigen. Mit ihm an deiner Seite musst du
keine Angst haben, er hat einen Plan und bringt dich da durch.
Wer ein Risiko mit Jesus eingeht, der geht kein Risiko ein.
Denn Jesus hält immer, was er verspricht. Auch wenn die Schrit-
te, die er mit dir geht, manchmal echt crazy sind.
Wenn du dich ganz auf ihn verlässt, wird er dich nicht
hängen lassen.

THINK ABOUT

→ Hast du das Reden von Jesus in deinem Leben schon erlebt? Vielleicht beim Beten oder Bibellesen ganz klar gespürt, was er dir sagen will? Hat er dir schon einmal konkrete Schritte gezeigt, die er gerne mit dir gehen will? Wie hast du darauf reagiert?

→ Wenn Jesus dich ruft, wärst du bereit, im Vertrauen auf ihn zu gehen, auch wenn du dein »sicheres Boot« verlassen müsstest?

PRAYER

Jesus, ich finde es hammer, dass für dich nichts unmöglich ist. Bitte hilf mir, dass mein Vertrauen in dich immer weiter wächst. Wenn du mir die next Steps zeigst, will ich sie mit deiner Hilfe und Power auch gehen. Danke, dass du alles im Griff hast, auch wenn die Challenge groß ist. Danke, dass deine Schritte mit mir immer Steps sind, die mich weiterbringen, und ich noch richtig geniale Sachen mit dir erleben werde.

NEW LIFE

let it flow

Du willst Eiswürfel, um dein Getränk schön kühl genießen zu können? Du hast aber keine Eiswürfelform und willst dein sauer verdientes Taschengeld auch nicht dafür ausgeben? Mit diesem Life Hack kannst du dir umsonst coole Eiswürfel machen.

HACK 50

NIMM DAS INNERE EINER TOFFIFEE-PACKUNG ODER EINER ANDEREN PRALINENSORTE. FÜLLE WASSER IN DIE FORMEN UND STELLE SIE IN DEN GEFRIERSCHRANK. JETZT HAST DU EISWÜRFEL, DIE SOGAR EINZIGARTIGE FORMEN HABEN.

GESCHENKT!

Für manche Dinge wollen wir keine Kohle ausgeben und manche Dinge sind unbezahlbar. Es gibt Sachen, die müssen wir uns verdienen, mit Schweiß, Mut oder Engagement, wie zum Beispiel gute Noten oder ein Lob vom Trainer. Andere Sachen können wir uns nicht erarbeiten, sie sind ein Geschenk – wie die Liebe. Das neue Leben, das Gott uns schenken will, ist so ein Geschenk: Es ist ein Leben in einer hammer Freundschaft mit ihm, das auch nach dem Tod weitergeht.

Paulus hat das mal so formuliert:

>> **Weil Gott so gnädig ist, hat er euch durch den Glauben gerettet. Und das ist nicht euer eigenes Verdienst; es ist ein Geschenk Gottes. Ihr werdet also nicht aufgrund eurer guten Taten gerettet, damit sich niemand etwas darauf einbilden kann.** <<

Epheser 2,8-9

Du musst dir dieses neue ewige Leben nicht verdienen.
Es kommt nicht auf deine Leistung an. Nicht auf das, was du kannst, was du bringst oder was du hast. Gott will dich beschenken. Und das Krasse ist: Du *kannst* dir dieses new Life auch gar nicht verdienen. Egal wie viel du ackerst, Gott macht dieses Geschenk nicht abhängig von dir. Es gibt keine Waage, wo deine guten Taten und deine Fails gesammelt werden.
Sie werden nicht gegeneinander aufgewogen, und wenn du mehr guten Stuff in deiner Schale hast, gewinnst du.
Dieses Leben ist ein Geschenk, du erhältst es aus Gnade.
Gnade bedeutet, du bekommst etwas, was du nicht verdient hast.
Dieses new Life schenkt dir Gott umsonst.

THE ONE THING

Es gibt nur eine Sache, die du tun musst: glauben.
Glauben, dass er es dir schenken kann *und* will.
Glauben, dass er für das, was in deiner persönlichen Fail-Schale ist, gestorben ist.
Glauben, dass er für deinen Mist die Verantwortung übernimmt.
Glauben, dass er dir vergibt und einen Neuanfang mit dir will.

LIFE RELOADED

Manchmal ist es schwer, Geschenke anzunehmen. Was auch immer du schon verbockt hast, dieses Geschenk ist für dich. Du darfst es auspacken, annehmen und damit durchstarten. Mit Gott kannst du ganz neu anfangen.
Es kostet dich nur dein Vertrauen, dass er es gut mit dir meint.

THINK ABOUT

→ Macht es dir Schwierigkeiten, dass du dir das neue ewige Leben mit Gott nicht verdienen kannst? Oder nimmt es den Druck für dich raus, dass du es auch nicht vermasseln kannst?

PRAYER

Gott, ich danke dir, dass du mich beschenken willst mit einer echten Beziehung zu dir. Danke, dass du derjenige bist, der dieses neue ewige Leben möglich macht. Ich will es annehmen und immer in meinem Herzen tragen, dass du mein Beschenker bist. Danke, dass du mich so sehr liebst!

NEW LIFE

#Geschenkt

#AberNichtUmsonst

Hast du auch nie Tipp-Ex zu Hause, wenn du dich verschrieben hast und du es nicht killern kannst? Hier kommt ein Life Hack, bei dem du einen auf Tipp-Ex machen kannst, auch ohne zusätzlich Geld auszugeben.

GIB WEISSE ZAHNPASTA AUF DIE STELLE, DIE DU KORRIGIEREN WILLST.
LASS DIE ZAHNPASTA GUT TROCKNEN. JETZT KANNST DU GANZ EINFACH EINEN
NEUEN VERSUCH STARTEN UND DIE ZAHNPASTA ÜBERSCHREIBEN.
WIE GENIAL IST DAS DENN? OHNE ZUSÄTZLICH GELD AUSZUGEBEN, KANN MAN
MIT LIFE HACKS IMMER WIEDER TOLLE EFFEKTE ERZIELEN. QUASI GESCHENKT.

ALL YOU NEED IS LOVE

Das neue ewige Leben mit Gott bekommst du auch geschenkt.
Du musst keine Mutprobe abliefern, dich nicht erst beweisen.
Du musst dir dieses new Life nicht erst erarbeiten oder erkaufen.
Jesus hat es für dich durch seinen Tod erkämpft und er will
es dir schenken. Dieses neue Leben ist ein Geschenk, aber es
soll nicht umsonst sein.
Die krasse Liebe von Jesus zu dir verändert dein Leben.
Aber er liebt auch deine Kumpels, BFFs, Mitschüler, Nachbarn
und deine Family.

*»Denn Gott hat die Welt so sehr geliebt, dass er seinen
einzigen Sohn hingab, damit jeder, der an ihn glaubt, nicht verloren geht, sondern das ewige Leben hat.«*

Johannes 3,16

Er will, dass seine Liebe durch dich deine Leute erreicht.
Du bist quasi sein Liebesüberbringer. Dein Leben soll Spuren
in dieser Welt hinterlassen. Es soll eine Auswirkung haben
auf die Leute, mit denen du unterwegs bist. Deine Crew,
deine Family, die Leute, die Gott dir in dein Leben stellt, sollen
Gottes Liebe und dieses hammer Geschenk von einem neuen
ewigen Leben entdecken. Dein Leben soll eine Auswirkung auf
die Ewigkeit von Menschen haben.
Bist du bereit, die Liebe, die du von Gott erfahren hast,
an andere weiterzugeben?

THINK ABOUT

→ Wer von deinen Leuten hat noch keinen Plan, dass es
einen Gott gibt, der sie liebt und alles für sie riskiert hat,
damit sie in einer Beziehung zu ihm leben können?

CHALLENGE

Schreibe alle Leute auf eine Liste, die dieses new Life noch nicht
leben. Bete regelmäßig für sie. Vor allem für Momente,
in denen sie offen sind für diese hammer Message. Bete dafür,
dass Gott selbst dich leitet und dir die richtigen Worte in
diesen Augenblicken schenkt. Bete für Kraft und den Mut zu
erzählen, was du mit Gott erlebt hast.

PRAYER

*Gott, ich danke dir, dass ich dieses new Life von dir geschenkt
bekommen habe. Schenk, dass mein Leben eine Auswirkung hat
auf alle, die mit mir in Kontakt kommen. Danke, dass du
derjenige bist, der durch seinen Heiligen Geist die Herzen der
Menschen berührt. Schenk, dass ich die Momente nicht verpasse,
in denen ich deine Liebe weitergeben kann.*

NEW LIFE

#Geschenkt

#AberNichtKostenlos

Es ist doch immer das Gleiche! Du willst einen Tee trinken, aber sobald du das heiße Wasser in die Tasse gießt, macht die Teebeutelschnur einen auf ertrinkenden Schwan. Es gibt jede Menge coole Konstruktionen, die du kaufen kannst, um deine Teebeutel an Ort und Stelle zu behalten. Aber leider sind einige davon auch ganz schön teuer. Ohne viel Kohle auszugeben, bekommst du mit einem einfachen Gummiband denselben Effekt.

HACK 52

NEUES LEBEN

BEFESTIGE DIE SCHNUR EINFACH MIT EINEM GUMMIBAND AN DER TEETASSE. JETZT KANNST DU HEISSES WASSER EIN-GIESSEN, OHNE DIR DANACH BEIM SCHNUR-FISCHEN DIE FINGER ZU VERBRÜHEN.

DER JESUS-LIFESTYLE

Das neue Leben mit Jesus bekommst du von ihm geschenkt, und doch ist es nicht kostenlos. Das haben schon die ersten Leute, die mit Jesus unterwegs waren, gecheckt:

»Eines Tages, als Jesus am Ufer des Sees Genezareth entlangging, sah er Simon und seinen Bruder Andreas.
Sie warfen gerade ihr Netz aus, denn sie waren Fischer.
Jesus rief ihnen zu: ›Kommt mit und folgt mir nach.
Ich will euch zeigen, wie man Menschen fischt!‹ Sofort ließen
sie ihre Netze liegen und folgten ihm nach.«

Markus 1,16-18

Mit Jesus zu leben heißt, ihm nachzufolgen, die Bibel nennt das »ein Jünger sein«. Mit anderen Worten: den Jesus-Lifestyle leben. Tun, was Jesus tat. Tun, was Jesus sagt. Lieben, was Jesus liebt. Glauben, was Jesus glaubt.

Die ersten Jünger ließen ihr altes Leben zurück und starteten dieses Abenteuer. Jesus forderte sie auf: »Kommt mit und folgt mir nach. Ich will euch zeigen, wie man Menschen fischt!«
Weil sie Fischer waren, benutzte Jesus das Bild vom Fischen. Damit wollte er ihnen sagen, dass sie von ihm lernen sollten, wie man Menschen die Liebe Gottes bringt und ihnen dieses neue ewige Leben erklärt.
Wenn du den Jesus-Lifestyle leben willst, bedeutet das, in Menschen zu investieren.

DER PREIS

Das hat die Jünger etwas gekostet. Zum Beispiel Zeit.
Du musst nicht gleich die Schule schmeißen oder deine Ausbildung abbrechen. Aber es wird dich Zeit kosten, dich in die Menschen zu investieren, die Jesus durch dich erreichen will. Gottes Liebe kannst du nicht im Vorbeigehen in den Briefkasten werfen. Es kostet ein Gespräch, ein Gebet, eine Einladung auf eine Cola oder in den Teenkreis.
Sich in Menschen zu investieren, kann auch ganz schön anstrengend sein. Es wird dich Kraft und Nerven kosten und viel Geduld. Nicht jeder weiß das zu schätzen, was du für ihn oder sie tust. Viele werden es vielleicht als selbstverständlich nehmen, dass du in sie investierst.
Es könnte dich auch deinen Ruf kosten. Nicht alle werden das cool finden, dass dir wichtig ist, was Jesus wichtig ist.
Wer sich nicht nur um sich selbst dreht, sondern auch um andere Menschen, zahlt immer einen Preis.
Es hat Jesus viel gekostet und es kostet dich etwas.
Aber es lohnt sich, denn du investierst in etwas mega Wichtiges. Du investierst dich, damit Menschen Jesus durch dich kennenlernen. Du investierst in ihre Ewigkeit.

THINK ABOUT

→ Bist du bereit, den Jesus-Lifestyle zu leben und anderen die Liebe Gottes zu bringen, auch wenn es dich etwas kostet?

CHALLENGE

Wer hat sich in dich und deinen Glauben investiert?
Wer hat dir zum Beispiel dieses Buch geschenkt, dir von Jesus
erzählt oder dich in die Church eingeladen?
Gib diesen Leuten doch mal einen Daumen nach oben.
Schreib eine Message oder ruf sie an und erzähl ihnen, wie das
dein Leben nach vorne gebracht hat.

DAS »ICH-MACHE-GANZE-SACHE-MIT-JESUS«-GEBET

Jesus, ich danke dir, dass du mich bedingungslos liebst.
Danke, dass du gute Gedanken und geniale Pläne und Ziele für
mich und mein Leben hast.
Ich gebe dir mein altes Leben. Bitte vergib mir all meine Fails.
Tut mir leid, dass ich so viel Mist gebaut habe.
Ich will dir vertrauen, sei du ab jetzt Chef in meinem Leben.
Danke, dass ich ab jetzt mit dir gemeinsam unterwegs
sein darf und dein Kind bin.
Amen!

Wenn du dieses Gebet gesprochen hast, hast du dein new Life
mit Jesus gestartet! Am besten suchst du dir eine Church
oder eine Jugendgruppe, die gemeinsam mit dir dieses Abenteuer
lebt. Lerne Jesus immer besser kennen, indem du in seinem
Wort, der Bibel, liest, ihn regelmäßig im Gebet connectest und
inspirierende Gottesdienste oder christliche Events besuchst.

Be blessed!

Deine Monika Wilhelm

DANKSAGUNG

Danke, Jesus, dass du an mein Herz geklopft hast, als du mir noch total egal warst. Danke für absolut alles.
Deine Liebe, deine Freundschaft, deine Leitung. Wo wäre ich heute ohne dich?

Danke an Joe, den mit Abstand besten Mann dieser Welt. Danke, dass du mich so viele Stunden freigestellt und mir den Rücken freigehalten hast. Du hast mit deiner Geduld, deiner Hilfe bei jedem »Hänger«, deinem super leckeren Essen und viel, viel selbst gemachtem Cappuccino dieses Buch erst möglich gemacht. My life is blessed! I love you!

Danke an Michaela Wölfle für die hammer Idee zum Buch. Ich bin echt geflasht, wie uns deine Connection nach oben zu-sammengebracht hat.

Danke an Nadine Weihe fürs Lektorieren, die tollen Anregungen und die super Zusammenarbeit.

Marc Waidelich

Heldenschmiede

Wie aus Jungs Männer und aus Männern Helden werden

„Ihr könnt mich alle mal!" Denkst du dir das auch manchmal, wenn dir jemand quer kommt? Du willst dein eigenes Ding machen. Tun, was gut ankommt. Und irgendwie auch das Richtige. Aber so ganz klar, wie das genau gehen soll, ist dir das auch nicht.

Dann ist das deine Challenge: Werde jemand, der wirklich was reißt. Ein Held!

Aber Achtung: Die Heldenschmiede ist nichts für Weicheier! Bereit für das Abenteuer?

Klappenbroschur, 14,8 x 21 cm, 256 S.
ISBN 978-3-7751-5886-2
Auch als E-Book e

Sarah Schnell (Hrsg.), Carolin Schubert (Hrsg.)

Gott im Livestream

#erlebt #erhört #Gottkann – Wahre Geschichten

Neben Schule, neuen Medien und allen möglichen Freizeitaktivitä-
ten bleibt den heutigen Teenagern kaum noch Zeit für anderes, ge-
schweige denn, sich mit Gott und dem Glauben zu beschäftigen. Die
Geschichten in diesem Buch können daher einfach zwischendurch
im hektischen Alltag gelesen werden. Mal spannend, mal lustig, mal
außergewöhnlich, mal himmlisch, bieten sie die Möglichkeit, dass
Teenager ihr ganz persönliches Date mit Gott erleben.

Sehr gut auch als Geschenk zur Konfirmation geeignet!

Klappenbroschur, 13,5 x 21,5 cm, 160 S.
ISBN 978-3-7751-5834-3
Auch als E-Book

SCM
Hänssler

Annette Penno

99 Ideen für mehr Wow in deinem Leben

Du willst ein Leben mit Wow-Faktor, Begeisterung und Leidenschaft? Dann bist du hier genau richtig. 99 kreative, verrückte, hilfreiche und manchmal überraschende Ideen helfen dir dabei, den Schatz zu entdecken, den du mit deinem Leben bekommen hast. Bring es zum Strahlen, entdecke deine Möglichkeiten und den einen, der dabei immer an deiner Seite ist: Gott.

Mit vielen Ideenseiten zum Ausprobieren, Ausfüllen, Weiterdenken, Spaßhaben …

Gebunden, 13,5 x 18,5 cm, 112 S.
ISBN 978-3-7893-9812-4